Google Classroom 2021

Una guida semplice sulla didattica a distanza e su come gestire Google Classroom 2021 nel modo più efficace

Di
Ali Keler

Sommario

Introduzione

L'istruzione è essenziale per semplificare la vita. È senza dubbio lo strumento principale per migliorare la propria vita. L'educazione di un bambino inizia a casa. È un ciclo permanente che non finisce fino alla morte. L'istruzione definisce senza dubbio la qualità della vita di una persona. Rafforza la consapevolezza, le capacità e migliora l'atteggiamento e la personalità. Forse la cosa più straordinaria di tutte è che l'istruzione influisce sulle possibilità di lavoro delle persone. È probabile che una persona altamente istruita trovi velocemente un buon lavoro. La spinta all'alfabetizzazione universale è un fenomeno degli ultimi 150-200 anni. Tradizionalmente, le scuole per giovani sono state gestite da sacerdoti per istruire amministratori ed esperti. I monasteri associati alla Chiesa cattolica romana erano i centri di istruzione e alfabetizzazione durante l'Alto Medioevo, preservando la selezione della chiesa all'apprendimento del latino e conservando l'arte della scrittura. Fino alla loro istituzione formale, molte università medievali furono gestite per centinaia di anni come scuole monastiche cristiane, dove insegnavano i monaci. l'Accademia di Gundishapur, inizialmente fulcro intellettuale dell'impero sasanide e successivamente centro di apprendimento musulmano, offriva corsi di medicina, filosofia, teologia e formazione scientifica. Il personale non era solo esperto nelle culture zoroastriane e persiane, ma anche in studi greci ed indiani. L'educazione che acquisiamo oggi è certamente diversa da quella dei nostri primitivi antenati. Le metodologie di insegnamento, i concetti, e i mezzi per fornire l'istruzione si sono evoluti nel tempo. L'intero paradigma è cambiato. Inizialmente, l'educazione è passata dagli antenati ai loro discendenti, in particolare ai figli, in modo che potessero portare avanti i rituali e assisterli nel loro lavoro. Il loro modo di apprendere era probabilmente più duro, dovevano percorrere così tante miglia per raggiungere i loro luoghi di apprendimento. Tuttavia, non avevano scelta. Fino ad oggi, le classi fisiche sono state prevalenti. In questa forma di educazione, si deve lasciare la propria casa e arrivare all'istituto educativo per ricevere l'insegnamento. Sebbene questa forma di apprendimento non passera mai di moda, a causa di alcuni dei suoi importanti vantaggi, viene recentemente sostituita, in larga misura, dall'apprendimento in classi online. Nelle lezioni online, si impara comodamente da casa. Questo cambiamento è principalmente dovuto a fattori come il tempo e il costo del viaggio in aree lontane per l'apprendimento, ed è anche per questo che sono state introdotte le lezioni online. La mancanza di attenzione nelle lezioni fisiche, il potenziale bullismo nelle scuole e nelle università, l'immobilità geografica seguita dal desiderio di apprendere diverse culture stando in un unico luogo potrebbero essere altri motivi. Le lezioni online dal vivo sono simili per alcuni aspetti alle lezioni convenzionali faccia a faccia - un istruttore può fornire informazioni e comunicare con un gruppo di persone in tempo reale - per altri aspetti, esistono alcune differenze significative. La prima differenza notevole è la gestione delle aule. L'insegnante è libero di spingere gli studenti in un ambiente fisico, raggruppandoli in vari modi e organizzando la classe in modo da garantire che le lezioni si svolgano senza intoppi.

Un'altra distinzione è l'uso di strumenti suppletivi. In passato, i docenti hanno spesso bandito i telefoni cellulari dalle aule, ma oggi, come strumento addizionale per gli studenti, alcuni docenti progressisti possono anche impostare un hashtag di Twitter per esempio. Le aule online di solito hanno una funzione di testo incorporata, che il pubblico può utilizzare come backchannel per assicurarsi che siano coinvolti nella discussione. La mancanza di feedback visivo nelle lezioni online è un problema crescente che gli insegnanti devono affrontare. Mentre si parla direttamente a un pubblico nello stesso spazio, le presentazioni possono essere personalizzate in base all'input visivo del pubblico. Una stanza piena di volti disinteressati è un segno sicuro per un relatore o un insegnante che è necessario aggiungere un'attività più coinvolgente o modificare la loro presentazione per coinvolgere maggiormente il pubblico. Un relatore più intelligente nell'aula online farà buon uso delle risorse disponibili per ottenere una partecipazione attiva. Le domande agli studenti a cui si può rispondere utilizzando gli strumenti di voto sono un modo prezioso per assicurarsi che gli studenti stiano partecipando attivamente ad una sessione online dal vivo.

Per riassumere, sebbene ci siano variazioni tra l'apprendimento fisico e quello online, entrambi i metodi di insegnamento possono essere utilizzati da un docente ben addestrato per raggiungere gli stessi obiettivi. La modalità di insegnamento scelta dipende tanto dalla logistica di fornire la tua formazione quanto dall'argomento che viene insegnato. Tuttavia, le lezioni online dal vivo stanno diventando un'opzione sempre più evidente per qualsiasi programma di sviluppo professionale in un mondo sempre più globalizzato. Le piattaforme di e-learning sono diventate ancora più cruciali nell'anno 2020, quando il mondo nel suo insieme è bloccato nel mezzo di una pandemia globale, ovvero il coronavirus, e le persone non possono lasciare le loro case a causa della situazione di confinamento. In tali circostanze, applicazioni come le aule di Google vengono in soccorso!

Capitolo 1: Introduzione alle aule online
L'istruzione online mostra una tendenza al rialzo, in particolare nell'anno scolastico in corso 2020/2021. Uno studio recente ha mostrato che il 46% dei neolaureati ottiene crediti online come parte della propria laurea, poiché più persone passano a corsi ibridi che combinano La maggior parte degli studenti è attratta dalla versatilità dell'apprendimento online e combina i propri studi con impegni lavorativi o personali. Per alcuni, un'alternativa meno costosa ai corsi convenzionali svolti in campus e sedi distaccate. Una laurea triennale può costare fino a € 50.000, mentre i corsi post-laurea possono raggiungere circa € 5.000 per cada studente. I prezzi dei corsi di apprendimento online differiscono in modo molto significativo, titoli di studio comparabili a quelli tradizionali possono costare circa il 50% in meno.

Molti esperti dicono che il futuro dell'istruzione è nell'apprendimento online. Se la tecnologia diventa più diffusa, sempre più studenti possono ottenere l'esposizione al tipo di informazioni che possono aumentare in modo significativo le loro opportunità di lavoro e forse anche migliorare il pianeta. L'apprendimento online consentirà agli studenti nei paesi in via di sviluppo di studiare argomenti come la codifica, la programmazione di computer e l'ingegneria e quindi guidare l'innovazione in tutto il mondo. L'offerta di corsi online e apprendimento misto per molte università può svolgere un ruolo cruciale nella loro sopravvivenza a lungo termine. La maggior parte degli studenti è oberata da tasse universitarie elevate associate a lezioni a tempo pieno nel campus.

Studiare a tempo pieno impedisce o limita altre responsabilità essenziali per i giovani studenti, come una carriera o crescere una giovane famiglia. Le università che offrono servizi di apprendimento online consentono a più studenti di iscriversi ai corsi, compresi quelli residenti in aree regionali o, in alcuni casi, in un altri paesi. Qualsiasi grande organizzazione deve tenere il passo con la domanda del mercato e la crescente tecnologia, e le università non fanno eccezione.

L'apprendimento online, in altre parole, non è solo qui per restare; diventerà una parte essenziale del futuro.

Inoltre, alcuni aspetti dell'insegnamento online sono già stati introdotti in classe da scuole e istituti di istruzione superiore, con innovazioni come la realtà aumentata, l'intelligenza artificiale e la realtà virtuale. Secondo uno studio basato sulla tecnologia, più di sei milioni di studenti hanno già seguito le loro lezioni basate sulla realtà virtuale, che prevedono gite virtuali in siti storici famosi come il Colosseo per esempio.

Nel frattempo, aziende di tutto il mondo stanno sviluppando con Google, una gamma di prodotti di realtà virtuale (VR) che consentiranno agli studenti di scienze di eseguire esperimenti virtuali. Un progetto prevede un gioco VR in cui uno studente di scienze forensi sarà in grado di esaminare e analizzare le prove che trova in una scena del crimine virtuale.

Queste innovazioni portano inevitabilmente a forme più aggressive di apprendimento online, ma l'enfasi e sull'integrazione piuttosto che sulla sostituzione totale di un metodo rispetto ad un altro.

In altre parole, gli insegnanti nella vita reale giocheranno sempre un ruolo fondamentale nell'educazione della prossima generazione di studenti. Sono essenziali.

I metodi di insegnamento tradizionali basati sulle classi troveranno ancora posto, ma anche questi verranno integrati con l'apprendimento online.

E sebbene prevedere in quali direzioni la tecnologia ci porterà
è quasi impossibile, ci si aspetta che l'apprendimento online
diventi una parte importante dell'istituzione in tutto il mondo.
Questo approccio è ancora più utile nell'anno in corso quando
il coronavirus attanaglia il mondo intero. L'apprendimento è
stato influenzato negativamente, in tutto il mondo. Circa 185
paesi hanno chiuso le loro scuole e università, secondo
l'UNESCO. L'istruzione di centinaia di milioni di bambini e
giovani è stata colpita. I fornitori di servizi educativi stanno
cercando di assumersi il compito di insegnare a distanza. I
genitori stanno elaborando la loro posizione e gli insegnanti
stanno facendo del loro meglio in modo ambivalente.
Circa 5,4 milioni di studenti delle scuole primarie, medie e
superiori della Corea del Sud iniziano l'anno accademico nel
2021 con l'apprendimento a distanza, poiché il paese mira a
contrastare la pandemia COVID-19 in modo risoluto.
Uno dei problemi principali è che alcuni luoghi, scuole e
studenti non sono dotati delle risorse necessarie per
partecipare a queste classi. Secondo il Ministero dell'Istruzione
coreano, fino a 85.000 studenti hanno bisogno di dispositivi
come tablet o laptop per seguire corsi online (possiamo solo
immaginare che in Italia sia molto peggiore la situazione).
Secondo il loro ministero dell'istruzione si investirà circa 1,5
miliardi di won sudcoreani (€ 1,2 milioni) per aggiornare le
reti Internet wireless di alcune scuole rurali.
1.1 Che cos'è l'apprendimento online?
L'apprendimento online è un'istruzione che si svolge su
Internet. In altre parole, a volte viene definito "e-learning".
L'apprendimento in linea, tuttavia, è solo una forma di
"apprendimento a distanza".

L'istruzione online o l'apprendimento a distanza è l'istruzione per quegli studenti che potrebbero non essere sempre fisicamente presenti in una scuola. Tradizionalmente, questo di solito includeva corsi per corrispondenza in cui lo studente si collegava alla classe tramite e-mail. Oggi si tratta di educazione online. Un programma di apprendimento a distanza può essere in definitiva un apprendimento a distanza o una combinazione di apprendimento remoto e istruzione in classe convenzionale (chiamata ibrida o mista). I corsi online aperti di massa, che forniscono partecipazione interattiva su larga scala e accesso gratuito tramite il Internet o altre tecnologie di rete, sono nuove modalità di istruzione nell'apprendimento a distanza.

In una tipica classe, impari anche ascoltando, leggendo, scrivendo e facendo altre cose che il tuo insegnante ha progettato. I corsi online sono diversi nel senso che il professore o altri studenti non si trovano nello stesso posto. Probabilmente non incontrerai mai di persona il tuo insegnante o altri studenti.

Gli studenti "frequentano" le lezioni in corsi online accedendo alle pagine web della classe. Secondo l'orario delle lezioni, completano i loro compiti. Gli studenti utilizzano la posta elettronica e i forum di discussione online per connettersi con il professore e i loro compagni di classe. Con orari intensi, questa struttura di classe è estremamente versatile. Gli studenti accederanno frequentemente al corso in qualsiasi momento della giornata (o della sera). Avere successo richiede capacità di programmazione e determinazione. Gli studenti hanno bisogno di abilità di battitura e devono essere in grado di scrivere per capire.

Differenza tra apprendimento online e apprendimento a distanza

Sebbene tutti questi approcci all'insegnamento includano l'uso di un computer o di altri gadget da parte degli studenti, ci sono alcune variazioni tra loro, cioè l'apprendimento online, così come l'apprendimento a distanza, richiedono risorse di apprendimento online simili, ma la somiglianza finisce qui. In generale, ci sono tre differenze principali tra l'apprendimento online e quello a distanza:

- Posizione
- Interazione
- Intenzione

Differenze di posizione

La principale distinzione tra apprendimento online e apprendimento a distanza è la posizione. L'apprendimento online o l'e-learning consente agli studenti di stare con l'insegnante in classe mentre lavorano attraverso le loro lezioni e test digitali interattivi. Tuttavia, gli studenti lavorano da remoto a casa mentre l'insegnante assegna i compiti e fa il check-in digitale mentre usano l'apprendimento a distanza.

Variazioni di interazione

A causa delle variazioni di posizione, il rapporto tra insegnanti e studenti varia spesso. L'apprendimento online può richiedere una presenza fisica sporadica tra insegnanti e studenti. L'apprendimento online funziona insieme ad altre tecniche di insegnamento e viene utilizzato come tecnica di apprendimento misto. L'apprendimento a distanza, tuttavia, non comporta alcun contatto presenziale tra insegnanti e studenti. Probabilmente lo studente farà affidamento su canali di comunicazione digitale come app di messaggistica, videochiamate, forum di discussione e Learning Management System (LMS) per la tua scuola.

Differenze nell'intenzione

L'intento della tecnica di insegnamento è l'ultima differenza tra l'apprendimento online e quello a distanza.

L'apprendimento online deve essere utilizzato insieme a molti altri metodi diversi di insegnamento di persona.

È un modo supplementare per cambiare le cose in classe e fornire ai tuoi studenti una gamma di esperienze di apprendimento. L'apprendimento a distanza è una tecnica per fornire istruzioni esclusivamente elettronicamente senza alcuna interazione.

Ognuno ha un ruolo nell'istruzione alla fine dell'apprendimento online o dell'apprendimento a distanza. A seconda delle esigenze di insegnanti e studenti, uno sarà migliore dell'altro. L'apprendimento online funziona meglio per gli insegnanti delle scuole medie e superiori che desiderano fornire ai propri studenti nuove forme di apprendimento. Di solito, l'apprendimento a distanza si adatta meglio agli studenti più grandi che hanno una costante esposizione alla tecnologia a casa e che lavorano in modo indipendente per conto proprio.

1.2 Storia dell'educazione online

Nel 1728 fu reso pubblico uno dei primi tentativi di apprendimento a distanza. Era sulla Gazzetta di Boston per "Caleb Philipps, Istruttore del Nuovo Metodo di Mano Breve", che inseguiva gli studenti che desideravano imparare con lezioni settimanali spedite per posta. Negli anni 1840, Sir Isaac Pitman offrì il primo corso di educazione a distanza in senso moderno, offrendo un metodo di stenografia attraverso l'invio di testi trascritti in stenografia su cartoline e raccogliendo trascrizioni dai suoi studenti in cambio di rettifica. L'aspetto del feedback degli studenti è stato un progresso chiave nel sistema di Pitman. Questo schema è stato reso possibile dall'implementazione di tariffe postali standardizzate in tutta l'Inghilterra nel 1840.

Questo inizio precoce si è rivelato estremamente popolare e la Società per la corrispondenza fonografica è stata fondata tre anni dopo per sviluppare questi corsi in modo più formale. La Società aprì la strada alla successiva istituzione dei Sir Isaac Pitman Colleges in tutto il paese.

La Society to Promote Studies at Home, fondata nel 1873, è
stata la prima scuola per corrispondenza negli Stati Uniti.
Fondato nel 1894, Wolsey Hall, Oxford è stato il primo college
per l'apprendimento a distanza nel Regno Unito.
Corsi per corrispondenza dalle università
L'Università di Londra divenne la prima istituzione a offrire
titoli di studio a distanza, fondando il suo programma esterno
nel 1858. Lo sfondo di questa mossa fu che il college (in
seguito noto come University College London) prescindeva
dalla religione e ci fu un putiferio contro il università "senza
Dio" alla luce delle forti rivalità teologiche dell'epoca. Presto si
è chiesto quali istituzioni avessero poteri di rilascio dei
diplomi e quali no. La soluzione che emerse nel 1836 fu che
l'unica autorità per amministrare gli esami che portarono al
conseguimento dei diplomi avrebbe dovuto essere concessa a
una nuova agenzia ufficialmente riconosciuta chiamata
"University of London". Essa sarebbe servita da organo
d'esame per i college dell'Università di Londra, inclusi il
King's College London e l'University College London, mentre
concedeva diplomi agli studenti per l'Università di Londra.
Con la concessione da parte dello Stato di poteri d'esame a un
organo separato, si gettarono le basi per la formazione di un
sistema all'interno della nuova università che avrebbe
condotto sia gli esami che il rilascio dei titoli agli studenti
iscritti in qualche altro istituto o che avrebbero seguito lo
studio autonomo.
Charles Dickens la chiamava "People's University" perché
offriva l'accesso all'istruzione superiore a studenti provenienti
da contesti meno privilegiati.

Il sistema esterno è stato istituito dalla regina Vittoria nel 1858, consentendo all'Università di Londra di essere la prima a offrire titoli di studio a distanza agli studenti. Istituito nel 1888 per addestrare i minatori di carbone immigrati a diventare ispettori o capisquadra statali delle miniere, ha iscritto 2.500 nuovi studenti nel 1894 e 72.000 nuovi studenti nel 1895. Nel 1906 le registrazioni lorde raggiunsero 900.000. L'aumento è stato dovuto all'uso di 1200 impiegati di vendita aggressivi di persona, che inviano libri di testo completi invece di singole lezioni.

Nel 19° secolo, l'istruzione divenne una priorità assoluta, poiché le scuole superiori e i college americani crebbero notevolmente. Furono aperte scuole notturne per le persone più anziane o troppo impegnate con gli impegni familiari, come la scuola YMCA di Boston, che divenne la Northeast University. Le scuole di corrispondenza private al di fuori delle principali città hanno fornito una soluzione versatile e strettamente orientata. Le grandi aziende hanno sistematizzato i loro programmi di formazione per i nuovi lavoratori. L'Associazione Nazionale delle Business Schools passò da 37 nel 1913 a 146 nel 1920. All'inizio degli anni 1880 furono aperte in tutto il paese scuole private che fornivano formazione tecnica avanzata a tutti coloro che studiavano, non solo ai dipendenti di un'azienda.

A partire da Milwaukee nel 1907, le scuole pubbliche iniziarono a offrire programmi di formazione gratuiti. Nel 1920, circa un terzo della popolazione americana viveva in città di 100.000 o più persone; metodi di comunicazione dovevano essere introdotti per soddisfare il resto.

L'Australia è stata particolarmente coinvolta per le sue grandi distanze interne; nel 1911, l'Università del Queensland istituì il suo dipartimento di studi per corrispondenza.

L'Università del Sud Africa, iniziò a insegnare usando l'istruzione a distanza nel 1946. La prima riunione della Conferenza internazionale sull'istruzione per la corrispondenza si tenne nel 1938. L'obiettivo era di fornire un'istruzione personalizzata per studenti a basso costo, utilizzando una pedagogia di misurazione, tracciamento, classificazione e differenziazione. Da allora, l'organizzazione è stata chiamata International Council for Open and Distance Education (ICDE) con sede a Oslo, Norvegia.

Università aperte

La United Kingdom Open University è stata creata sulla base del sogno di Michael Young, dall'allora governo laburista guidato dal primo ministro Harold Wilson. La pianificazione è iniziata nel 1965 sotto il ministro di Stato per l'istruzione, Jennie Lee, che ha istituito un modello di Open University (OU) per espandere l'accesso ai livelli più alti di borse di studio per l'istruzione superiore. Fu istituito un comitato di pianificazione, guidato da Sir Peter Venables, composto da vicerettori dell'università, educatori e emittenti televisive. Poi, James Redmond, vicedirettore dell'ingegneria della British Broadcasting Corporation (BBC), aveva conseguito gran parte della sua formazione alla scuola serale. Il suo innato vigore per il progetto ha contribuito molto a risolvere le sfide tecnologiche dell'uso della televisione per trasmettere programmi di insegnamento. Oltre alla ricerca in altri campi, era stato in prima linea nello sviluppo di nuove tecnologie per migliorare il servizio di apprendimento a distanza. Nel gennaio 1969 Walter Perry è stato nominato primo vicecancelliere dell'UO, con Anastasios Christodoulou come segretario fondatore.

La nomina del governo conservatore sotto la guida di Edward Heath nel 1970 portò a tagli al bilancio sotto il Cancelliere Iain Macleod dello Scacchiere (che in precedenza aveva definito il concetto di università aperta una "scioccante sciocchezza"). Tuttavia, nel 1971, l'UO ammise i primi 25.000 studenti, abbracciando una politica di ammissione gratuita progressiva. Quindi, la popolazione studentesca totale delle università tradizionali nel Regno Unito era di circa 130.000. Athabasca University, Canada's Open University, è stata fondata nel 1970 e ha seguito una tendenza simile, sebbene sviluppata in modo indipendente. La Open University ha ispirato lo sviluppo della National University of Distance Education (1972) e della Fern University, in Germania. Alcune università aperte si sono evolute in mega-università, una parola che denota le istituzioni con più di 100,

1.3 Diversi tipi di classi online

La formazione online è disponibile in diversi modi. Sono disponibili aule moderne che offrono attività online. Ci sono aule fuori dall'edificio scolastico, che sono interamente online. E ci sono opzioni per aule miste che si trovano in mezzo da qualche parte.

La tecnologia di Internet ha reso possibili molti modi di apprendimento a distanza attraverso strumenti e servizi educativi aperti, come l'e-learning e i MOOC. Sebbene l'espansione di Internet offuschi i confini, le tecnologie di istruzione a distanza si dividono in due modalità di erogazione: apprendimento sincrono e apprendimento asincrono.

Tutti i partecipanti all'apprendimento sincrono sono "presenti" nello stesso momento. In questo modo, è parallelo agli approcci di insegnamento convenzionali in classe, data la posizione remota dei partecipanti.

Ciò richiede l'impostazione di un calendario. Conferenze web, videoconferenze, televisione educativa, televisione didattica sono esempi di tecnologia sincrona come il satellite direct-to-broadcast (DBS), radio Internet, live streaming, telefono e VoIP online.

Il software di web conferencing aiuta a promuovere le riunioni nei corsi di formazione a distanza e in genere fornisce risorse di rete aggiuntive come chat di testo, sondaggi e radio. Tali strumenti facilitano anche il coinvolgimento asincrono consentendo agli studenti di ascoltare le registrazioni delle sessioni sincrone. I mondi immersivi sono stati spesso utilizzati per migliorare la partecipazione dei partecipanti ai corsi di formazione a distanza.

Un altro tipo di apprendimento sincrono che è entrato in classe negli ultimi anni è l'uso di proxy robot, compresi quelli che consentono agli studenti malati di frequentare le lezioni. Alcune università hanno iniziato a utilizzare proxy robot per creare classi ibride sincrone più coinvolgenti in cui gli studenti, sia remoti che di persona, possono essere presenti e interagire utilizzando la telerobotica. Gli studenti a distanza si siedono davanti a un tavolo o una scrivania. Usano robot di telepresenza invece di usare un computer sul muro. Nell'apprendimento asincrono, gli studenti visualizzano i materiali del corso in modo flessibile in base ai loro programmi. Gli studenti non hanno bisogno di stare insieme contemporaneamente. La comunicazione per posta, che è il metodo più antico di istruzione a distanza, è un sistema di consegna asincrono, così come i forum delle bacheche, la posta elettronica, le registrazioni video e audio, i materiali stampati, la posta vocale e il fax.

Molti corsi offerti sia da università aperte che da un numero crescente di istituzioni universitarie utilizzano sessioni periodiche di insegnamento residenziali o diurne per integrare le sessioni a distanza.

Recentemente, questa forma di istruzione mista a distanza e basata sul campus è stata chiamata "apprendimento misto" o meno frequentemente "apprendimento ibrido". La maggior parte delle università aperte utilizza una miscela di tecnologia e una varietà di modalità di apprendimento (faccia a faccia, a distanza e ibrido), tutte sotto la rubrica "apprendimento a distanza".

Le istruzioni interattive radio e audio (IRI) e (IAI), ambienti virtuali elettronici, video sport, webinar e webcast sono spesso indicati come e-learning.

Per quanto riguarda le forme dei corsi online, puoi sentire diversi termini diversi. Di seguito sono riportati vari concetti che possono aiutare a standardizzare ciò a cui si fa riferimento quando si esaminano le numerose scelte di corsi online.

Corso capovolto: Qui, gli istruttori registrano le loro lezioni o utilizzano strumenti open source per fornire contenuti per la lezione. Gli studenti potranno visualizzare i video e completare una breve valutazione della loro comprensione del materiale prima di frequentare le lezioni. Un vantaggio importante di questa strategia è che in un momento che funziona meglio per loro, gli studenti completano la formazione richiesta al proprio ritmo e l'istruttore funge da facilitatore durante la lezione, istruisce, consiglia, risponde alle domande e affronta i concetti sbagliati nella realtà. - tempo. La lezione inizierà con una serie di mini-lezioni, approfondendo il materiale ritenuto difficile o confuso dagli studenti. Il resto della classe si concentra sull'apprendimento attivo e studenti e insegnanti si connettono. Molti "insegnanti capovolti" presumono che la caratteristica più significativa del paradigma capovolto sia questa.

Corso ibrido: Gran parte del processo di apprendimento del corso è stato trasferito online in classi "ibride", consentendo di ridurre la quantità di tempo trascorso in classe. L'addestramento faccia a faccia standard è ridotto ma non eliminato. Viene anche chiamato "corso misto".

Faccia a faccia: Un ambiente tradizionale in aula in cui gli studenti e l'insegnante si incontrano contemporaneamente nella stessa stanza; spesso indicato come insegnamento "sul campo" o "sul campus".

Basato sul web: Questi corsi sono più spesso indicati come corsi in linea e il termine "basato sul Web" viene utilizzato più spesso quando si fa riferimento a corsi in linea. Le lezioni online / basate sul Web utilizzano in genere un LMS (Canvas, Blackboard, Moodle, ecc.) Per pubblicare i programmi di studio, i materiali, i compiti e la comunicazione degli insegnanti. La maggior parte dei corsi online sono di autoapprendimento e altri hanno

La Peer Instruction di Harward incorpora gli studenti in una lezione durante la fase di apprendimento e concentra la loro attenzione sui concetti di base. Le domande concettuali, chiamate ConcepTests, sono intervallate da lezioni frontali, progettate per evidenziare difficoltà comuni nella comprensione dell'argomento. Agli studenti vengono forniti uno o due minuti per concentrarsi sulla domanda e formulare le loro risposte; poi passano due o tre minuti a discutere le loro risposte in gruppi da tre a quattro, cercando di trovare un consenso sulla risposta corretta. Questo metodo incoraggia gli studenti a pensare agli argomenti che vengono formulati e li aiuta a testare la loro comprensione dei concetti molto prima che escano dalla classe.

MOOC: Un MOOC (Massive Open Online Course) è un corso online progettato per la partecipazione del pubblico su vasta scala e l'iscrizione aperta. I MOOC sono sviluppati da docenti universitari e danno un credito al corso agli studenti iscritti all'istituto ospitante. I MOOC sono solitamente progetti congiunti di istituti di istruzione superiore e consorzi, tra cui Coursera, Udacity ed edX. Gli studenti "aperti" possono partecipare alle attività del corso e ricevere contenuti consegnati elettronicamente senza ricevere crediti o input diretti dal team didattico. Nonostante le critiche sui tassi di completamento, si ritiene che i MOOC rappresentino una nuova era di apprendimento aperto, utilizzando la tecnologia di rete per promuovere l'interazione tra studiosi e gruppi di studenti senza confini istituzionali o regionali.

1.4 Vari miti sull'apprendimento online

Con il numero crescente di corsi universitari online, potresti essere curioso di sapere se hai fatto una buona scelta. La semplicità e la versatilità dell'apprendimento online sono allettanti, ma questo formato è efficace? Nessuno vuole scoprire che la laurea online non e comparabile alla laurea presenziale; Tutti noi vorremmo che le competenze e le credenziali che vengono fornite con un ottimo programma universitario siano equivalenti a quelle online. I dubbi posti possono derivare da alcuni dei miti comuni sull'apprendimento online. Se esiste la possibilità che questi malintesi ostacolino te e il futuro dei tuoi sogni, è tempo di portarli alla luce.

Mito # 1 Devi apprendere tutto da solo

Solo perché non sei fisicamente presente di fronte ai tuoi insegnanti, ciò non significa che non saranno lì per fornirti assistenza lungo il percorso.

Gli insegnanti di classe online devono coinvolgere i loro studenti e insegnare loro l'argomento, proprio come in una classe fisica. Non frequentare le lezioni di persona può sembrare una mancanza (a prima vista). Tuttavia, i professori tendono a impegnarsi maggiormente nel istruzione per il programma online, e nei compiti in modo che tutto sia svolto al massimo livello. Come nei corsi di persona, quando qualcosa non è ovvio, spetta allo studente fare domande.

Mito # 2 Non c'è comunicazione con i compagni di classe

Puoi utilizzare la tecnologia per parlare con un amico faccia a faccia ovunque tu sia o lavorare con un gruppo e puoi inoltre comunicare con gli insegnanti e dirigenti di istituto. L'interazione è una parte fondamentale della maggior parte dei programmi online in cui ogni studente è solitamente tenuto a pubblicare più volte alla settimana nei forum dei corsi e occasionalmente a incontrare i professori. Alcuni professori e studenti pensano che i post sul sito web o forum siano molto più interessanti delle semplici conversazioni in classe. Ognuno ha l'opportunità di raccogliere le proprie opinioni per iscritto ed esprimersi nel proprio tempo e in modo più libero rispetto al contatto in tempo reale. Avrai un'idea migliore di chi sono i tuoi colleghi in un forum online moderato in cui tutti devono partecipare rispetto a un'aula in cui solo pochi studenti parlano. Le conversazioni online daranno alle persone molte più informazioni. Ci sono regole ed etichetta su come parlare e imparerai rapidamente come si comunica online.

Mito # 3 I professori non sono molto presenti

I professori spesso in università convenzionale si fermano oltre l'orario delle lezioni per ascoltare i propri alunni e rispondere alle loro domande. Questo succede anche online molti professori si rendono disponibili dopo le lezioni o raggiungibili tramite e-mail. Il professore fa molto per rafforzare il contenuto e aiutare gli studenti a connettersi e capire. I professori possono collegarsi agli studenti tramite Facebook o tramite le loro piattaforme di classe. Gli studenti dovrebbero sfruttare appieno ogni possibilità di interagire attraverso i social media con i propri docenti.

Mito # 4 Non puoi costruire una rete

Parlando di amicizie, le persone che incontri e le connessioni che possono portare nella tua vita sono uno dei vantaggi sottovalutati dell'istruzione convenzionale. Molte persone si affidano alle reti universitarie per ottenere lavori e ottenere solide possibilità. Questo tipo di costruzione di relazioni potrebbe sembrare difficile in una lezione online a prima vista, ma l'interazione richiesta nelle piattaforme online potrebbe rendere più facile la creazione di reti. Sebbene ciò non sia certamente vero per tutti i servizi online, consulenti e professori diligenti dovrebbero avere un curriculum solido in grado di fornire orientamento e collegamenti al lavoro.

Mito # 5 Le lezioni virtuali sono migliori delle lezioni nel campus

Quando ti iscrivi a un programma online potresti essere stato un po' precipitoso e ottimista nel leggere che l'istruzione online sarà un'alternativa migliore di quella convenzionale. Secondo i professori, gli studenti non dovrebbero solo aspettarsi che i corsi online siano impegnativi quanto i loro colleghi nel campus, ma dovrebbero anche volere che siano impegnativi.

La distanza percepita dai corsi online ti fa sentire come se potessi rimandare. Se non sei un individuo auto motivato, un programma online può essere particolarmente impegnativo. Rispetto alle classi convenzionali, le lezioni online non sono più facili.

I corsi online tendono ad essere più impegnativi e richiedono più tempo per essere completati. Per il successo degli studenti in una classe online, sono necessari criteri di lettura completi e gestione del tempo per le scadenze dei compiti. Pertanto, non sottovalutare mai l'impegno nel tempo; mantieni il passo e assicurati di soddisfare le esigenze di un corso online!

Mito # 6 Per seguire corsi online, devi essere un mago della tecnologia

Puoi ordinare qualsiasi cosa dal tuo telefono con poche rapide selezioni sullo schermo. Puoi pubblicare immagini e ti connetti sui social network con amici e parenti in questioni di secondi. Quindi, una tecnologia ben progettata permette un usabilità fluida ed un apprendimento veloce. E le piattaforme di apprendimento online stanno diventando più complesse e attrezzate per una migliore interazione con gli studenti. L'età o l'abilità tecnologica non possono mai essere un motivo per non provare opportunità di apprendimento online.

Mito # 7 L'apprendimento online non è una lezione completa

Le lezioni in video fanno parte di molti programmi, ma l'apprendimento online va ben oltre. La formazione online richiede una grande quantità di ricerca pratica. Ti verranno assegnati compiti in specifici programmi online che imitano principalmente ciò che farai in un ambiente di lavoro reale: questo ti offre l'opportunità di applicare ciò che hai imparato e mostrare la tua comprensione.

Mito # 8 Lauree online non sono apprezzate dai datori di lavoro

Quando l'apprendimento online era una novità, i datori di lavoro potevano essere diffidenti, specialmente nei settori in cui una laurea è una qualifica non negoziabile, come l'istruzione o l'assistenza sanitaria. Ma la popolarità dell'apprendimento online è cresciuta da molti anni e ciò che una volta sembrava nuovo è ora molto comune.

Lo stigma contro i diplomi online sta svanendo man mano che sempre più datori di lavoro e coloro che hanno l'autorità per le assunzioni hanno loro stessi studiato online. Ci sono diverse situazioni in cui un datore di lavoro potrebbe pensare che un'istruzione online sia di valore superiore. Molte delle tecnologie aggiornate utilizzate negli uffici vengono replicate nelle classi virtuali. Comunicare e interagire online con i colleghi non è insolito, quindi la tua esperienza di apprendimento online dovrebbe prepararti anche a quell'interazione.

Mito # 9 Le lezioni online favoriscono la procrastinazione

La procrastinazione non va bene con l'e-learning. La procrastinazione della classe online causerà più problemi agli studenti rispetto alla procrastinazione nelle classi normali. Gli studenti online devono essere sicuri di sé, responsabili e intraprendenti. Gli studenti devono essere in grado di impostare i propri orari e osservarli. La versatilità di un corso online deve essere gestita dagli studenti.

Mito # 10 Tutto il quello che mi serve può essere concentrato in una singola sessione di lavoro

Gli studenti di solito hanno problemi ad avere successo in una classe quando accedono solo una o due volte alla settimana. Alcuni studenti imparano meglio studiando quantità minori di contenuti, quindi si concentrano sul materiale prima di considerarne altri. Il dialogo e la partecipazione assidua non solo aiutano gli studenti ad apprendere nuove idee; in alcuni casi, vengono assegnati punti per la partecipazione quotidiana alla classe. I voti saranno bassi se gli studenti accederanno solo una volta alla settimana o forse due

Capitolo 2: Vantaggi e svantaggi dell'apprendimento online
L'apprendimento e l'istruzione sono considerati una parte naturale della vita lavorativa e personale. Non dovrebbero essere ignorati sia per ottenere un lavoro che per acquisire conoscenze. Il mondo online è in continua evoluzione e questo offre una grande opportunità di apprendimento. Scoprire come apprendere con tutti i canali di comunicazione disponibili e selezionare quelli che meglio corrispondono allo stile di una persona è molto critico.

L'apprendimento online oggi sta diventando sempre più popolare. Molte università tradizionali hanno iniziato gratuitamente, condividendo i loro corsi online. Rappresenta un metodo semplice e diretto per acquisire conoscenze in quasi tutti i settori, inclusi diritto e contabilità, scienze umane, come psicologia e sociologia o storia. L'apprendimento online è un'ottima alternativa alle università tradizionali, soprattutto per le persone che non possono permettersi di seguire corsi regolari con il tempo e le risorse a loro disposizione. Ma quali sono i vantaggi e gli inconvenienti dello studio online?

2.1 Vantaggi dell'apprendimento remoto

1. Comfort: Gli studenti online dovrebbero organizzare il loro tempo di studio in base al loro programma. Lavoreranno quando hanno più tempo, che sia la mattina presto o la sera tardi. Gli studenti non devono andare in auto al campus, quindi possono risparmiare tempo e fare ricerche ovunque vogliano. A volte, non devono entrare in biblioteca perché i materiali del corso sono sempre disponibili online e fanno risparmiare più tempo. Gli studenti possono anche imparare alla velocità che più gli aggrada e ricercare più rapidamente quello che necessitano. Per questi motivi, l'istruzione online è la scelta ideale per gli studenti che desiderano bilanciare i loro obblighi di lavoro e familiari. Il vantaggio più significativo di un corso online è che tu (teoricamente) hai la tua classe e il tuo insegnante disponibili 24 ore al giorno, sette giorni alla settimana. Non andare online è la tua unica ragione per perdere la lezione. Tutto è lì per te. Puoi ricevere aggiornamenti, accedere alle note, rivedere i compiti, fare quiz per esercitarti, rispondere a domande, parlare con gli altri studenti e studiare ogni volta che lo desideri. Oltre alle varie date di scadenza, imposti il tuo orario per completare i requisiti del corso.

2. Flessibilità: Puoi studiare quando vuoi. Puoi studiare con chiunque tu voglia. I corsi online ti danno la libertà di trascorrere del tempo con il lavoro, la famiglia e gli amici, altre persone significative o qualche altra attività che desideri. Puoi studiare indossando quello che ti piace (o niente se preferisci!). Dovrai completare il lavoro (e questa flessibilità può essere la tua rovina). Ma per molte persone, le opzioni di studio online sono imbattibili. Queste persone possono essere quelle che cambiano continuamente gli orari di lavoro o persone che fanno viaggi di lavoro. Anche i genitori con bambini, gli studenti che si prendono cura degli altri o la cui salute impedisce loro di andare regolarmente al campus e gli studenti i cui amici o fidanzati / fidanzate entrano inaspettatamente rientrano in detta categoria.

3. Meno costoso: I programmi online sono in genere più economici delle scuole tradizionali. Gli studenti risparmiano anche sui relativi costi di formazione. Ad esempio, gli studenti che frequentano le lezioni online non hanno i costi del pendolarismo o dell'alloggio nel campus. Inoltre, probabilmente non sono tenuti ad acquistare materiali per il corso, come libri di testo, che sono liberamente accessibili online. Alcuni corsi online sono offerti gratuitamente. Per qualsiasi computer collegato a Internet. Non è necessario affittare una casa o pagare bollette di manutenzione elevate per fornire un ambiente di apprendimento per gli studenti. Inoltre, studenti e insegnanti non andranno più all'università, risparmiando così anche loro!

4. Diversi corsi e programmi: I college professionali online offrono agli studenti diverse opzioni. Gli studenti possono trovare le lezioni online di cui hanno bisogno o i corsi di laurea, dall'infermiera alle neuroscienze. Possono anche ricevere online qualsiasi titolo accademico. Con la tendenza all'aumento dell'apprendimento online, più college offrono agli studenti un'opzione per conseguire lauree online. La Ashford University, ad esempio, un'università online accreditata, fornisce diplomi in molte discipline, tra cui gestione aziendale, diritto sociale e penale, e studi sul comportamento umano.

L'apprendimento online è in aumento, anche se le iscrizioni all'università continuano a diminuire, questo significa che le università lavorano molto duramente per attirare gli studenti verso i loro corsi online. Le università stanno scoprendo che i diplomi online porteranno studenti anche da molto da lontano. Di conseguenza, c'è molta concorrenza tra le università e questo non può che apportare miglioramenti a lungo e medio termine.

Quindi, c'è un'vantaggio importante per gli studenti. Non sei limitato solo alle università delle città che ti circondano. Potrai scegliere tra un gran numero di college. Puoi scegliere qualsiasi università che offra titoli di studio online nel tuo paese, come in altri paesi ed anche in lingue diverse. Per le università nazionali, probabilmente potrai approfittare delle borse di studio statali nello stato in cui vivi.

5. Avanzamento di carriera: Con i corsi tradizionali e corsi di laurea online, tutti sono alla ricerca di titoli accademici, pero quando si seguono corsi online si mostra ai datori di lavoro che si desidera rimanere aggiornati e in grado di affrontare nuove sfide. La studentessa della Penn State, Kelsie Abduljawad, è un perfetto esempio di qualcuno che ha prestato servizio durante il conseguimento di una laurea online. Ha conseguito un master in educazione alla leadership, che ha completato online tramite il Penn State World Campus e ha lavorato in una scuola islamica femminile a Doha, in Qatar, mentre si laureava.

Quando ti laurei con una laurea online avrai esperienza nell'utilizzo di risorse di apprendimento online come Google Docs, Canvas, Blackboard, Webinar, Community Wiki e Forum. Laurearsi online significa che sei un dipendente orientato al futuro e tecnologicamente competente del 21 ° secolo. Avrai un angolo che gli studenti del campus hanno meno probabilità di vedere nei propri CV. Questo set di competenze digitali e sicuramente molto importante nella tua futura ricerca di lavoro e potrebbe semplicemente inserirti nella lista dei candidati per essere assunto il giorno del colloquio.

6. Maggiore attenzione individuale: Dato che hai una linea diretta via e-mail con il professore, puoi avere una risposta diretta alle tue domande. Per paura di sentirsi stupidi, molti studenti non si sentono a proprio agio a fare domande in classe e con Internet usualmente si sente meno l'ansia. A volte ti preoccupi di un problema dopo le lezioni o quando studi, se riesci a ricordarti sistematicamente di chiedere informazioni, questo dovrebbe aumentare le tue opportunità di fare bene e capire anche i concetti più difficili.

I seguenti motivi descrivono perché l'e-learning può essere perfetto soprattutto per gli introversi:

L'e-learning non implica la presenza fisica di uno studente: il mondo online è un luogo in cui gli introversi possono stare da soli ma insieme. In un tale ambiente, l'apprendimento sarà più facile per gli introversi, dando modo ad essi di gioire per i propri risultati. Il bello dello stare con le persone ha tutto a che fare con l'entusiasmo. Gli estroversi si stimolano in mezzo alla folla, mentre gli introversi consumano la loro energia. La maggior parte delle persone non sa che sta succedendo, ma è così. In un ambiente di apprendimento online, sia gli insegnanti che gli studenti non si trovano nello stesso spazio dello studente. Significa che lo studente introverso non sprecherà il proprio tempo prezioso prestando attenzione a ciò che sta accadendo con gli altri studenti in classe ma si concentrerà invece solo sulla lezione.

L'e-learning è più autoapprendimento: tutti imparano in modo diverso e ogni studente avanza a modo suo. Ma l'insegnamento convenzionale non funziona in questo modo. Gli studenti non avanzano allo stesso ritmo. Alcuni andranno avanti e dovranno aspettare che gli altri si mettano al passo. Altri che stanno faticando ad apprendere dovranno affrontare le loro lacune e avanzare più lentamente degli altri. Eppure non è più così per l'e-learning. Qualsiasi studente può apprendere i concetti al proprio ritmo. Chiunque capisca i materiali di apprendimento può terminare rapidamente il corso in una frazione del tempo. Quelli che hanno bisogno di più tempo e ulteriori chiarimenti rimarranno nella stessa posizione senza lasciare nessuno bloccato. Per gli introversi, questo tipo di tempistica è senz'altro una cosa positiva. E-learning significa più scrittura e meno conversazione: avere una presentazione orale è un'abilità essenziale; nessuno può discuterlo. Allo stesso tempo, tuttavia, questa non è l'unica forma di valutazione. Troppe persone parlano molto e continuano a non dire nulla. Gli studenti devono anche sapere che ogni parola conta. La maggior parte degli esercizi in classe includono più parole e meno scrittura, ma e il contrario per l'e-learning. Per impostazione predefinita, agli studenti introversi piace più scrivere che parlare. Quando scrivi, ogni parola ha più tempo per essere elaborata. E soprattutto, prima di condividerlo con gli altri, puoi modificare i tuoi commenti: eliminare le parole non necessarie o aggiungerne altre per chiarimenti.

L'e-learning offre più autorità agli introversi: gli introversi sono creature solitarie. Non solo, ma tendono a capire le cose prima senza chiedere aiuto - anche le cose che sono più difficili da ottenere - e chiederanno supporto a un amico o ad un istruttore solo quando incontreranno un ostacolo serio. Essi preferiscono i compiti individuali di apprendimento rispetto al lavoro di gruppo. Poiché l'e-learning elimina la presenza fisica degli altri, gli studenti introversi possono imparare a modo loro. Gli strumenti messi a disposizione da queste nuove tecnologie sono fantastici per tutti, ma per questi studenti ci sarà più libertà di decidere quando usarli. L'e-learning dovrebbe andare di pari passo con la ludicizzazione (premi, classifiche, etc.): il processo di apprendimento non viene mai danneggiato dalla concorrenza. Ma mentre la maggior parte delle persone compete tra loro, gli introversi competono con se stessi. Non importa il tuo carattere, è positivo fare miglioramenti evidenti e infine vincere. Siccome gli elementi di ludicizzazione possono essere incorporati facilmente nei corsi online, gli studenti competitivi diventeranno più interessati a ciò che studiano. Tutti vorranno guadagnare più punti possibile, aggiungere meriti al proprio profilo o entrare in classifica. Per gli studenti introversi, l'aspetto più critico della ludicizzazione potrebbe essere progredire nei punteggi per mancanza di interesse nelle competizioni.

7. È moderno: Oggi, la maggior parte delle persone tende a utilizzare Internet per accedere a vari contenuti. Ora stiamo usando Internet per leggere le notizie, guardare i nostri programmi televisivi preferiti e parlare con gli amici, prenotare appuntamenti, fare acquisti e altro ancora. Con tutta la accessibilità che Internet ha portato nella nostra vita quotidiana, perché l'istruzione dovrebbe rimanere esclusivamente convenzionale piuttosto che utilizzare i vantaggi che Internet offre?

8. Incontrare persone interessanti: Molti, in particolare nelle classi numerose, non si prendono il tempo per conoscere i propri colleghi studenti. Forse per la troppe distrazioni o perché semplicemente timidi. Un corso online offre la possibilità di conoscere altri studenti tramite newsletter, chat room e mailing list. Anche se stai solo chattando online, ti offre una sorta di contatto con altri studenti e persone che non è possibile nelle classi a tempo limitato del campus.

Nessuna innovazione tecnica nella storia dell'uomo ha collegato il mondo a persone come Internet. C'è ancora una notevole divario tra coloro che hanno accesso a Internet e quelli che non lo hanno. Il fatto stesso che tutti noi possiamo interagire con qualsiasi persona in tutto il mondo ci fa capire il valore di questo mezzo.

Più volte frequentando un corso online, i siti Web visitati si trovano in un altro paese ed offrono molto culturalmente parlando.

Esiste un modo migliore per conoscere le opere di Michelangelo che andare in Italia? Virtualmente possiamo farlo, non sarà lo stesso pero possiamo sempre apprendere molto. In questo modo possiamo conoscere la foresta pluviale amazzonica o il passato della Cina o le usanze degli isolani del Sud Pacifico. Impegnando le nostre giornate online, possiamo anche incontrare qualcuno in un altro paese e fare amicizia con loro. Dopotutto, il mondo e diventato molto piccolo con Internet!

9. Autodisciplina la procrastinazione è forse il più grande avversario dei corsi online. Alcuni studenti, persino insegnanti, rimandano le cose che devono essere fatte fino all'ultimo momento. Se si tratta di scuola, ridursi all'ultimo momento è la peggiore cosa che possiamo fare. Spesso queste pratiche ci portano a ricevere cattivi risultati per un esame o ad un compito, la lezione in questo modo viene appresa male e con molte lacune. Il valore di fare le cose in tempo o addirittura in anticipo non ha eguali. Quell'autorealizzazione è ciò che ti spinge al successo nel tuo corso online. Nessuno ti spinge per dirti di andare online e fare ricerche. Non c'è nessuno che ti spinge a fare domande o pubblicare risposte. Lo studente online si assume la responsabilità del proprio corso di studi e matura per diventare un adulto per il quale l'apprendimento e il rendimento sono fondamentali. In breve, dipende da te e dalla tua organizzazione delle tempistiche se la tua performance sarà positiva o negativa!

10. Promuove le competenze mondiali e l'apprendimento permanente: Capire come accedere alla conoscenza in linea apre una serie di possibilità per la tua vita personale e professionale. Puoi trovare lavori online, ottenere candidature universitarie online, trovare risposte alle tue domande e ottenere un punto di vista diverso da quello statico del mondo offline. Puoi anche confrontare varie offerte commerciali online, accedere a grandi opere d'arte e letteratura, incontrare persone di tutto il mondo, seguire sport e film e così via!

Ci sono praticamente infinite possibilità. Ti dà un netto vantaggio rispetto a qualcuno a cui mancano queste abilità.

Di solito, gran parte di ciò che sappiamo in un corso viene dimenticato alla fine delle lezioni entro una o due settimane. Avere quella scintilla di curiosità e capire come trovare informazioni online significa che hai ancora a portata di mano ciò che stai imparando. Quando sei interessato a un argomento specifico, forse a causa di qualcosa che vedi, leggi o senti, o forse perché evi rispondere ad una domanda posta da uno dei tuoi figli o amici, puoi andare online e cercarla. Avrai sviluppato le capacità per trovare informazioni, digerirle, sintetizzarle e formulare una risposta a qualsiasi quesito che ti viene posto.

2.2 Limitazioni delle aule online

C'è qualche limitazione? Sì, l'istruzione online presenta alcuni svantaggi.

1. Gestione del tempo online: Che tu ci creda o no, le lezioni online richiedono più tempo per l'apprendimento e il completamento dei compiti rispetto a un corso nel campus. Come può essere? L'istruzione online è basata su testo. Scriverai appunti, pubblicherai commenti e comunicherai in altro modo usando le dita (cioè digitando) per connetterti con il tuo insegnante e altri studenti. La digitazione è, come probabilmente dedurrete, più lenta del parlare. (Prova a leggere ogni parola mentre la digiti e confronta la differenza se hai pronunciato la stessa cosa.) Allo stesso modo, leggere i materiali della lezione può richiedere più tempo rispetto all'ascolto dell'insegnante che le pronuncia. Se ti siedi in una classe, perderai una grande percentuale di ciò che dice il professore, non importa se sei concentrato, inoltre avrai gli appunti da rivedere più tardi. Per brevi periodi è nella natura umana allontanarsi dalla realtà. Il punto è che probabilmente imparerai di più in un mondo online, ma dovrai fare uno sforzo più significativo per ottenere quell'apprendimento, e quindi il tempo necessario per farlo.

Un corso basato su Internet ti consente di sviluppare la tua versatilità nella gestione del tempo. In altre parole, se non ottimizzi bene il tuo tempo online, ti ritroverai, ovviamente, sepolto sotto una montagna di corsi che richiederanno molte notti insonni per recuperare il terreno perduto. Per il completamento degli studi, i corsi online richiedono autocontrollo per allocare il tempo per studiare. Ciò implica che l'apprendimento online dovrebbe essere la tua priorità e non devi permettere ad altre cose di distrarti. Spesso questo significa fare scelte difficili.

2. Procrastinazione: Proprio come c'è un lato oscuro in quella famigerata proprietà conosciuta come il Potere, anche i corsi basati su Internet hanno un lato oscuro. Questo lato oscuro inizia con la procrastinazione. La procrastinazione in un corso online ti farà a pezzi. Nessuno ti chiede di raggiungere il college in tempo. Nessuno ti dice che gli incarichi sono dovuti o che i test stanno arrivando. Nessuno può predicarti, continuare con te e supplicarti di tenere il passo con i tuoi corsi. (Sembra abbastanza carino, eh?) L'apprendimento e i compiti possono essere facilmente rimandati nel mondo online. Sono passate settimane prima che te ne accorga, non hai fatto i compiti ed è già l'ora degli esami. Timido. Ansioso. Raccapricciante. Fin troppo vero.

È una strategia per una situazione di affondamento o nuoto e non puoi ottenerla in entrambe le direzioni. Se vuoi diventare la persona responsabile, autosufficiente e indipendente di questo pianeta, allora è il momento di iniziare. La vita non è un abito da prova. Entra!

3. Isolamento: Nessuno ti sentirà urlare in un corso online. E questo, per alcuni studenti online, si crea un disagio. Può essere spaventoso fare ricerche da soli con solo il computer come compagno. Non ci sono mormorii in fondo alla scuola, nessun commento ad alta voce, nessuna battuta per spezzare i tempi, nessuna voce severa che chiede di ascoltare. Il mondo online è un'atmosfera molto diversa. Alcune persone hanno bisogno di abituarsi.

Si spera che il tuo insegnante online sia ricettivo a questo problema e ti aiuti a risolvere queste emozioni. In ogni caso, se i tuoi studi iniziano a risentire di questi effetti negativi, dovresti esserne consapevole e cercare sostegno. Una rapida e-mail a un amico, al tuo professore o consulente ti farà sentire meglio, se ti manca il senso di comunità che stai cercando. Poiché gli studenti che seguono corsi online non possono comunicare faccia a faccia con professori e altri studenti, la comunicazione avviene tramite gruppi di chat online o e-mail. Sviluppare relazioni con i compagni di classe in classi autogestite è particolarmente complicato. Le nuove scuole, d'altra parte, hanno un campus per socializzare con altri studenti o studiare con loro. Puoi anche fare una pausa per porre domande o ricevere suggerimenti dall'ufficio di un professore.

4. Responsabilità propria: Sei solo tu che sei responsabile della conoscenza. Nessuno può obbligarti a partecipare o a interagire con gli altri. Gli insegnanti possono condividere solo alcune informazioni ed esperienze, darti un paio di strumenti e sperare che tu li riceva. Devi avere la scintilla e la spinta per realizzare i tuoi sogni. Quindi, l'unico aspetto negativo di un corso basato su Internet, in modo razionale, è che non e tangibile. Potresti perdere il controllo della tua ricerca e dei tuoi obiettivi. Potresti restare molto indietro e non recuperare mai. I programmi online offrono maggiore flessibilità per gli studenti, il che può essere difficile per gli studenti che non sanno come affrontarlo. I corsi online spesso non hanno insegnanti che ti spingono a rimanere in pista, il che significa che gli studenti sono responsabili del loro apprendimento e potrebbero non possederlo. È facile tornare indietro e non sentirsi ispirati a prendere piede. Non ci sono risorse nell'aula online per aiutare gli studenti a imparare in modo che il processo di apprendimento possa diventare più facile. Alla fine, gli studenti devono essere auto-motivati per avanzare prontamente attraverso i loro corsi e programmi.
5. Il problema per gli istruttori: L'istruzione online è anche un po' 'una sfida per gli istruttori. Con l'avanzare della tecnologia, gli insegnanti cercano continuamente di tenere il passo. I professori tradizionali credono nelle lezioni, quindi le dispense e la transizione al programma del corso online possono essere difficili.

6. Costi tecnologici e pianificazione: Gli elementi più critici dei corsi online sono i programmi software e l'accesso a Internet. Gli studenti potrebbero aver bisogno di acquisire nuove competenze nella programmazione e nella risoluzione dei problemi, il che potrebbe richiedere tempo. Gli studenti potrebbero anche dover acquistare un nuovo software per accedere alle loro lezioni online o pagare un extra per l'aggiornamento a Internet ad alta velocità. Un altro svantaggio è che gli studenti devono modificare i propri orari in base alle date di scadenza degli incarichi, il che potrebbe essere problematico per gli studenti internazionali o per altri che non vivono nello stesso fuso orario degli insegnanti. Allo stesso modo, se il tuo laptop non funziona come studente nel campus, potresti aver bisogno di ottenere aiuto dalla biblioteca del campus per completare i tuoi saggi. Come studente online, se il tuo laptop si blocca, non puoi nemmeno completare le tue attività settimanali. Sei nei guai. Problemi con la tecnologia possono emergere durante la tua laurea in linea. Sii pronto. Hai un amico dove puoi usare il tuo laptop? Il tuo istruttore registra le tue lezioni dal vivo in modo che tu possa accedervi in seguito? E, naturalmente, sei sicuro di imparare a utilizzare semplici strumenti online come Google Docs e Canvas o i sistemi di gestione per l'apprendimento di Blackboard? Non è necessario sapere come usarli in questo momento, ma è necessario il coraggio di imparare a breve termine come utilizzare questi dispositivi.

7. Interruzioni della comunicazione: Spesso, invierai un'e-mail al tuo istruttore e attendi, attendi e attendi una risposta. Passano tre giorni e alla fine ottieni una risposta che è, nella migliore delle ipotesi, ambigua.

Quindi rispondi via e-mail chiedendo chiarezza. Passano altri tre giorni e ricevi un altro commento che non capisci del tutto. Presto, è passata una settimana e tu sei ancora intrappolato nell'oscurità. Questa è la verità per molti insegnanti e studenti che non sono più aggiornati con la tecnologia. Per fortuna, questo dovrebbe accadere solo poche volte e con pochi istruttori. Lo svantaggio delle lauree online è che quando si tratta di tecnologia, gli insegnanti sono generalmente molto attivi. Ma anche un insegnante ben collegato potrebbe fraintendere il tono della tua e-mail. Allo stesso modo, potresti avere difficolta con la loro lingua se sei straniero. La verità è che non esiste un modulo di contatto altrettanto valido del contatto faccia a faccia.

8. Manca l'esperienza del college: Quando sei un adolescente di 18 - 24 anni che sta pensando di andare all'università, quali sono i motivi principali per cui studi? Ti piace unirti ai club, fare amicizia e andare alle feste? Vuoi usare l'università per incontrare il tuo potenziale coniuge e per fare collegamenti per lavori futuri? Andare all'università è una grande esperienza sociale. Una laurea che è interamente online non ti dà alcuna coerenza sociale. Pertanto, i diplomi online di solito attraggono studenti alternativi. Attirano studenti in età matura, che lavorano a tempo pieno o che hanno una vita familiare e sociale ben consolidata e quindi non hanno bisogno o vogliono "l'esperienza universitaria". Devi chiederti se desideri ancora goderti l'esperienza universitaria o se il tuo obiettivo è studiare la versatilità quando continui con la tua vita attuale studiando online.

9. Il lavoro di gruppo può essere impegnativo: Molti titoli universitari al giorno d'oggi impongono la ricerca di gruppo come prerequisito per il superamento della laurea. La capacità di lavorare in team è una capacità di preparazione per il posto di lavoro che le organizzazioni dei datori di lavoro ritengono sia radicata in una laurea. Quando si tratta di studiare online, non devi fare altro che fare un lavoro di gruppo.

Temuta è la comunità di studenti che studiano online. Il fatto
che stiano interagendo con qualcuno che non hanno mai
incontrato li spaventa fisicamente. Quindi fanno affidamento
sui loro partner per accedere continuamente. Il trucco con il
lavoro della comunità online è cercare di individuare un
partner che pubblicherà regolarmente e all'inizio della
settimana sui forum. Se lavori con uno di quegli studenti
dedicati, andrai bene.

10. Plagio e frode: Tenendo presente che gli studenti usano un
computer e non sono sempre monitorati, possono plagiare
saggi e altri compiti. Allo stesso modo, barare nei test online
può essere più facile per gli studenti. Gli imbrogli online sono
più facili da fare (e più difficili da rilevare). Sebbene non sia
chiaro se gli studenti online stiano potenzialmente tradendo
più degli studenti faccia a faccia, il fatto è che non è più facile
tenere traccia di chi sta facendo un test e come lo fa online che
in una classe. Tuttavia, le università e i professori dall'altra
parte potrebbero adottare alcune tattiche per aiutare a
contrastare il problema. Usare la tecnologia per rilevare il
plagio, ad esempio. Fare in modo che gli studenti eseguano i
loro saggi attraverso un servizio di rilevamento del plagio a
pagamento scoraggerà teoricamente la pirateria sul taglia e
incolla. Proprio alla fine,

Sebbene l'e-learning presenti alcuni inconvenienti, il fatto che i
vantaggi superino di gran lunga gli svantaggi non può essere
negato. Svilupperai l'autodisciplina ed è un attributo che può
aiutare gli studenti in modi che vanno ben oltre la scuola.

In contesti di apprendimento convenzionali, possono
verificarsi anche plagio e imbrogli e ci sono modi per evitare
che ciò accada nei test online che non possono essere trovati in
una tipica classe. L'isolamento può essere superato integrando
vari approcci di apprendimento come nell'apprendimento
misto, che favorisce l'ulteriore interazione degli studenti.
L'istruzione in linea è un eccellente sottoprodotto dell'età
moderna. Dà a migliaia di individui, che altrimenti non
sarebbero mai in grado di proseguire gli studi per nessun
motivo, la possibilità di completare un percorso di studi. Ora
spetta totalmente alla razza umana come portarlo nella sua
più efficace maledizione o benedizione.

Capitolo 3: Guida introduttiva a Google Classroom

Google ha collaborato con gli educatori per creare una classe: una risorsa semplificata e di facile utilizzo che aiuta gli insegnanti a orientarsi nei compiti. Gli educatori costruiranno classi con questa piattaforma Classroom, assegneranno compiti, valuteranno e invieranno recensioni e vedranno tutto in un unico posto. Google Classroom è un programma semplice e facile da usare, ma puoi imparare molte cose per migliorare la tua esperienza lungo il percorso. Unisciti alla rivoluzione in Google Classroom! Cambierà completamente il modo in cui consegnerai i compiti, comunichi e collabori nella tua classe e fornirà ai tuoi studenti competenze pronte per il futuro! Google Classroom ti fa risparmiare tempo e ti aiuta a comunicare con i tuoi studenti. Inizia oggi con risorse, suggerimenti e trucchi di educatori come te. Organizza la tua classe per il successo,

3.1 Introduzione a Google Classroom

Cos'è Google Classroom?

Google Classroom è un servizio web gratuito realizzato da Google per le scuole. Chiarisce la struttura, la diffusione e la marcatura dei compiti senza carta. L'obiettivo di fondo di Google Classroom è semplificare il processo di condivisione dei file tra insegnanti e studenti. Google Classroom incorpora Google Drive per la produzione e la consegna di attività, Google Documenti, Fogli e Presentazioni per la scrittura, Gmail per la collaborazione e Google Calendar per la pianificazione.

Gli studenti possono essere invitati tramite un codice speciale per entrare in un college o importati automaticamente da un dominio scolastico. Ogni classe crea una cartella separata nel Drive del rispettivo individuo, dove lo studente può inviare il lavoro affinché un insegnante lo valuti. Le applicazioni IOS, disponibili per i dispositivi IOS e Android, consentono agli utenti di acquisire immagini e aggiungerle a compiti, condividere file da altri telefoni e accedere offline. Gli insegnanti possono tenere traccia dei progressi di ogni studente e possono restituire il lavoro insieme al feedback dopo la valutazione.

Ma ciò che distingue Google Classroom dall'esperienza standard di Google Drive è l'interfaccia tra insegnante e studente, sviluppata da Google per il modo in cui insegnanti e studenti pensano e lavorano.

Evoluzione di Google Classroom

Google Classroom è stato presentato il 6 maggio 2014, con un'anteprima disponibile per i singoli membri del programma G Suite for Education di Google. È stato lanciato pubblicamente il 12 agosto 2014. A ottobre 2015, Google ha riferito che lo stavano utilizzando circa 10 milioni di studenti e insegnanti. Google ha affermato che circa 250 milioni di studenti ed insegnanti in tutto il mondo hanno utilizzato il software Google, da Gmail a Chrome.

Nel 2015, Google ha introdotto un'API Classroom e un pulsante di condivisione del sito Web che consente agli amministratori scolastici e agli sviluppatori di continuare la loro interazione con Google Classroom. Nel 2015, Google ha anche incorporato Google Calendar in Classroom per date di assegnazione pianificate, gite sul campo e relatori di classe.

Nel 2017, Google ha abilitato Classroom per consentire a tutti gli utenti Google personali di accedere ai corsi senza la necessità di disporre di un account G Suite o Education. Ed è diventato possibile per ogni singolo studente di Google creare e insegnare un corso nell'aprile dello stesso anno.

Nel 2018, Google ha annunciato un aggiornamento della classe, introducendo una sezione in aula, migliorando l'interfaccia di valutazione, consentendo agli insegnanti di riutilizzare il lavoro in classe di altre classi e aggiungendo funzionalità per organizzare i contenuti per argomento. Nel 2019, Google ha rilasciato 78 nuove funzioni della classe. Negli ultimi due anni, le app di Google sono diventate molto più popolari e sono molto più avanzate per l'uso in classe. Sebbene molte scuole e distretti tendano a utilizzare i tradizionali sistemi di gestione dell'apprendimento, come Blackboard, Canvas, Moodle e Schoology, gli occhi degli insegnanti si stanno gradualmente concentrando sulla piattaforma Classroom di Google. La maggior parte delle scuole utilizza anche la suite di software di collaborazione di Google: Documenti, Fogli e Presentazioni. Ciò che Classroom cerca di offrire è un modo per riunire queste applicazioni e applicare nuove funzionalità a ciò di cui hanno bisogno insegnanti e studenti. In breve, Classroom mira a essere un framework leggero per la gestione dell'apprendimento. Secondo il product manager di Google, hanno trascorso circa un anno e mezzo studiando e parlando con gli educatori dell'app. Gli avvisi delle app dei tutori e l'introduzione di più insegnanti in una classe sono stati creati semplicemente dal feedback degli utenti.
Google Classroom diventa un LMS?

Tecnicamente, non è così. Google Classroom non è un programma autonomo per la gestione dell'apprendimento (LMS o Learning Management System), della gestione dei corsi (CMS) o delle informazioni sugli studenti (SIS). Detto questo, Google aggiunge periodicamente nuove funzioni a Google Classroom. Ad esempio, nel giugno 2019, Google ha annunciato che presto le scuole sarebbero state in grado di sincronizzare le nuove funzionalità di valutazione dello strumento con un sistema informativo degli studenti esistente. Man mano che Google continua ad aggiungere funzionalità, è probabile che inizi a cercare, diventando più simile a un LMS, per funzionare. Forse è meglio, per ora, pensare al dispositivo come a uno sportello unico per l'organizzazione della classe.

Google Classroom è gratuito?

La piattaforma Google for Education è gratuita per le scuole. Tuttavia, esiste un livello G Platform Enterprise a pagamento per l'istruzione, che include funzionalità aggiuntive come app di videoconferenza avanzate, sicurezza avanzata e supporto premium. Google non pubblica più informazioni sui prezzi, quindi ti consigliamo di contattarli direttamente per un preventivo. Google offre anche diversi articoli gratuiti per strumenti di creazione, temi web e crescita professionale, come Chromebook e partner con altre società.

Implementazione e integrazione

Google offre agli educatori e agli amministratori IT una vasta gamma di scelte di formazione. Queste sono:

- The Teacher Hub, che fornisce risorse per la preparazione di Google Classroom con autoapprendimento primario o avanzato e risorse per lo sviluppo professionale degli istruttori
- Train the Trainer corso per insegnare agli insegnati come usare al meglio la piattaforma
- Programmi Google Software, Certified Educator e Certified Instructor

- Programma G Suite Certified Administrator per amministratori IT

Chi è idoneo per Google Classrooms?

·L'aula è aperta a:

·Scuole che utilizzano G Suite for Education

·Organizzazioni che utilizzano G Suite per organizzazioni non profit

·Persone di età superiore ai 13 anni con account Google personali. L'età può variare a seconda della regione.

·Entrambi i domini in G Suite

Servizio di assistenza di Google Classrooms

Gli utenti possono accedere alla guida di Google Classroom nei seguenti modi:

·Il Centro assistenza offre informazioni su diversi argomenti correlati a Google Classroom. C'è anche una sezione di risoluzione dei problemi con soluzioni a problemi comuni.

·Esiste una comunità di software in cui gli utenti possono chiedere consiglio ad altri utenti di Google Classroom e al personale di Google Classroom.

·Google Classroom offre anche aggiornamenti regolari con nuove funzioni e altri miglioramenti del software.

·Esistono anche guide IT per gli amministratori IT delle scuole.

È possibile utilizzare Classroom se il dominio G Suite for Education include Gmail disattivato?

Sì. Gmail non deve essere abilitato per utilizzare Classroom. Se il tuo amministratore non ha attivato Gmail, tuttavia, insegnanti e studenti non ricevono notifiche tramite posta elettronica.

Nota: Se configuri il tuo server di posta e ricevi informazioni da Drive, puoi ricevere notifiche anche da Classroom.

È possibile utilizzare Classroom se il dominio G Suite for Education è stato disattivato?

No. Classroom collabora con Drive, Documenti e altri strumenti offerti da G Suite for Education per aiutare gli insegnanti a creare e raccogliere i compiti e gli studenti a inviare il lavoro online. Se disattivi Drive: vengono disabilitati anche Documenti e altri servizi. Non sei in grado di aggiungere queste risorse alla ricerca che assegni agli studenti. Inoltre, gli studenti non sarebbero in grado di aggiungerli ai loro lavori. L'aula può ancora essere utilizzata, ma la raccolta di funzionalità è minima.

Differenza tra Google Classroom e Google Assignment

Google Compiti è per le organizzazioni che utilizzano un sistema di gestione dell'apprendimento (LMS) che desiderano flussi di lavoro e compiti di valutazione migliori. Può essere utilizzato come strumento autonomo e un complemento all'LMS, oppure può essere implementato nell'LMS come strumento di apprendimento dell'interoperabilità (LTI) dall'amministratore della scuola. Se utilizzi Classroom, ti piacciono già le migliori attività, inclusi i rapporti sull'originalità.

Accesso a Google Classroom dall'account della scuola e dall'account personale

La maggior parte delle volte, la classe è la stessa per tutti gli utenti. Tuttavia, poiché gli utenti degli account della scuola hanno accesso a G Suite for Education, ottengono ulteriori attributi, come riepiloghi via email del lavoro degli studenti per i tutori e la gestione completa degli account utente. Gli utenti di G Suite for charity hanno le stesse funzionalità degli utenti di G Suite for Education.

Google Classroom per ipovedenti

Google Classroom è una risorsa progettata per aiutare insegnanti e studenti a interagire in un'aula senza carta e a rimanere organizzati lì. Gli studenti con disabilità visiva e cecità possono utilizzare uno lettore dei caratteri (screen reader) presenti sullo schermo per accedere e gestire classi e compiti.

Di seguito è riportata la disponibilità per vari screen reader:
Ragnatela: Con qualsiasi browser moderno come Chrome,
Mozilla Firefox, Microsoft, Internet Explorer o Apple Safari,
puoi navigare in Classroom utilizzando uno screen reader.
Consulta la guida su come configurarlo nel tuo browser. Puoi
utilizzare ChromeVox, ad esempio, con il tuo Chromebook. Su
Mac, viene utilizzato lo screen reader integrato, VoiceOver.
Mobile
Android: L'app per smartphone per Classroom funziona con
TalkBack, uno screen reader preinstallato che utilizza l'input
vocale per l'interazione.
IOS: L'app Virtual Classroom funziona su IOS con VoiceOver.
Per le specifiche, potresti dover vedere le impostazioni di
accessibilità del tuo dispositivo.
Schema dell'API di Google Classroom
L'API Classroom può essere utilizzata da scuole e aziende
tecnologiche per creare applicazioni che comunicano con
Classroom e G Suite for Education e per far funzionare meglio
Classroom in base alle loro esigenze. L'API Classroom è
un'API creata da Google. Ciò significa che le aziende non
Google trarranno vantaggio dalle risorse e dall'infrastruttura
fornite da Google.
Per utilizzare l'API Classroom, gli sviluppatori devono aderire
ai Termini di servizio dell'API Classroom. Molti programmi
non possono utilizzare i dati di Classroom per scopi di
marketing. Gli sviluppatori e gli amministratori di terze parti
possono utilizzare l'API Classroom. Gli insegnanti e gli
studenti devono approvare le app di terze parti. Utilizzando
l'API Classroom, puoi eseguire molte delle cose che insegnanti
e studenti possono fare in modo programmatico tramite
l'interfaccia utente di Classroom. Ad esempio, è possibile
sincronizzarsi con i sistemi informativi degli studenti,
visualizzare tutte le classi insegnate in un'area e controllare i
compiti.

I servizi non Google possono utilizzare l'API Classroom per incorporare le funzionalità di Classroom. Ad esempio, un'app può consentire a un insegnante di copiare e riutilizzare un corso di Google Classroom, invece di ricreare il livello e aggiungere nuovamente ogni studente. Le applicazioni possono anche visualizzare, creare e modificare il lavoro di Classroom in modo programmatico, aggiungere materiali per il lavoro, consegnare il lavoro degli studenti e restituire i voti a Classroom.

Il software deve richiedere l'autorizzazione dell'utente di Classroom prima che il software o il servizio possa accedere ai dati di Classroom. L'app richiede le autorizzazioni individuali necessarie (come un nome utente, un indirizzo e-mail o un profilo fotografico) e l'utente può approvare o rifiutare la richiesta effettuata dal servizio. L'API Classroom utilizza un popolare standard Internet denominato OAuth per autorizzare l'accesso.

In qualità di amministratore di G Suite for Education, monitori il modo in cui i dati vengono scambiati all'interno di un dominio. Puoi decidere quali insegnanti e studenti nella tua zona possono consentire ai servizi di accedere ai propri dati di Classroom nella Console di amministrazione Google. Per unità organizzativa, puoi personalizzare l'accesso. Puoi anche monitorare i servizi a cui è stato concesso l'accesso all'account di un utente nella tua giurisdizione nella Console di amministrazione e puoi revocare le autorizzazioni se necessario.

Le diverse attività che l'API Classroom può svolgere dipendono dalla posizione di un utente in una classe. Un utente può essere uno studente, un insegnante o un amministratore proprio come nell'interfaccia utente di Classroom. Gli insegnanti e gli studenti dovrebbero accettare le domande di terzi e segnalare comportamenti scorretti. Quando il consumatore è un (n):

Alunno: L'API può visualizzare le informazioni sul corso e gli insegnanti per quel corso.

Insegnante: L'API può creare, visualizzare o rimuovere le loro classi, mostrare, allegare o rimuovere studenti e insegnanti aggiuntivi dalle loro classi, nonché visualizzare e restituire ricerche, creare compiti e argomenti e impostare i voti nelle loro classi.

Amministratore: L'API Classroom può organizzare, visualizzare o eliminare qualsiasi corso nel proprio dominio G Suite for Education. Può allegare o eliminare studenti e docenti nella loro area in tutte le classi. Esamina anche il lavoro e gli argomenti in tutte le classi nel loro dominio.

Ci sono molte spiegazioni sul motivo per cui le classi di Google vengono utilizzate per un numero sempre maggiore di classi. La tecnologia viene implementata in tutto il mondo, comprese le scuole e i distretti statunitensi attraverso l'iniziativa 1: 1 laptop. L'iniziativa prevede un laptop per l'apprendimento per ogni allievo. I Chromebook vengono spesso scelti per la loro convenienza e l'interfaccia intuitiva. Sono facilmente integrabili con la suite completa di app Google che include Classroom.

I requisiti di base per iniziare con l'applicazione Google Classroom sono ottenere un dispositivo o un gadget che renda possibile l'installazione dell'applicazione. Tali dispositivi possono includere uno smartphone, un tablet, un laptop o persino un desktop. Questo sarebbe quindi seguito dall'accesso a Internet di qualità utile con velocità elevata e più MB. Gli utenti dovrebbero assicurarsi che non ci siano interruzioni di corrente o altri problemi che potrebbero interrompere il funzionamento della loro Google Classroom. È tuttavia da notare che l'applicazione Google Classroom funzionerebbe solo in quelle località geografiche in cui sono disponibili i servizi Internet. Inoltre, Google Classrooms fornisce l'accessibilità ai corsi in varie lingue utilizzate in diversi angoli del mondo. Queste lingue possono essere modificate modificando le impostazioni all'interno dell'applicazione.

3.2 Funzionalità di Google Classroom

Poiché la classe è sempre più priva di supporti cartacei, gli insegnanti devono iniziare a cercare strategie per distribuire compiti, gestire le loro classi, interagire con gli studenti, ecc. Un numero sempre crescente di insegnanti trova la sua strada in Google Classroom. Un'aula ad immersine completa, innovativa con meno enfasi sul software e più enfasi sull'insegnamento. Non è necessario essere un tecnico qualificato per gestire questa classe.

Non sarebbe fantastico se potessi organizzare i compiti, le risorse e i voti dei tuoi studenti in un'unica posizione? Per fortuna, Google ha ascoltato attentamente le esigenze dell'insegnante per l'EDU e ha pianificato Google Classroom per farlo. Può essere definito l'anti-LMS poiché è sia facile che efficiente. Gli studenti hanno una fonte comune di informazioni per i compiti, i genitori possono vedere i compiti mancati e i progressi per gli studenti e gli educatori possono gestire i compiti digitali e la comunicazione più facilmente.

Google Classroom consente all'insegnamento di essere più efficace e significativo fornendo agli educatori un forum per i compiti degli studenti, promuovendo la collaborazione tra gli studenti e promuovendo la comunicazione. Gli educatori possono creare classi, distribuire compiti, inviare input da individui e vedere tutto in un unico posto. La classe si integra facilmente anche con altre risorse Google come Calendar, Documenti Google, Foto, Drive e altri.

E la questione più rilevante è senza dubbio questa. Come dovresti utilizzare Classroom su Google? Cosa c'è per te? È completamente sicuro, prima di tutto. Non avrai bisogno di passare a un'edizione pro, il che ti farà risparmiare denaro. Certo, $ 0,00. Niente. Puoi iniziare dopo aver configurato la tua classe. Ecco una carrellata di quali sono le caratteristiche principali di questa meravigliosa applicazione.

Aggiungi annunci e materiale per la lezione: Offri pubblicità sulla tua lezione ai tuoi studenti. Gli annunci includono i materiali della lezione. Tali annunci verranno visualizzati nello stream di Google Classroom dei tuoi studenti. In questo modo, gli studenti troveranno facilmente qualsiasi cosa. Puoi allegare materiali da un Google Drive, connetterti a quella lezione in Google Classroom, aggiungere file e immagini dal tuo telefono, aggiungere un video di YouTube o aggiungere qualsiasi altra connessione che i tuoi studenti desiderano vedere. È così semplice!

Aggiungi compiti: Puoi aggiungere un compito al tuo corso così come aggiungi un annuncio. Funziona allo stesso modo, tranne per la possibilità di aggiungere una data di scadenza e valutarla qui. Quando devono fare un compito, avviserà gli studenti e apparirà anche nel loro calendario.

Contrassegnare o valutare un compito: È quindi possibile rivedere e valutare i compiti inviati dagli studenti. C'è spazio per il feedback tramite un commento di un insegnante. Restituisci invece l'attività ai tuoi studenti. La scheda "Punti" ospita un registro dei voti dei compiti e dei voti degli studenti.

Gestisci studenti: Gli studenti devono, ovviamente, essere in grado di condividere i loro pensieri. Oppure no? Dipende interamente da te! Puoi gestire le autorizzazioni, consentire agli studenti di pubblicare e commentare, commentare solo o dare all'insegnante la possibilità di pubblicare e commentare solo. Anche gli studenti possono essere inviati e-mail individualmente.

Pubblica domande: Puoi pubblicare domande nella tua classe e consentire agli studenti di discutere rispondendo a vicenda alle risposte (o meno, a seconda dell'impostazione scelta). Ad esempio, potresti pubblicare un video e chiedere agli studenti di risolvere una domanda in merito, oppure appuntare un articolo e chiedere loro di scrivere un paragrafo di risposta.

Riutilizza gli incarichi: Se riutilizzi i tuoi curricula anno dopo anno, o almeno riutilizzi i documenti, potresti volere un aggiornamento. Ora puoi ricreare compiti, annunci o domande da qualsiasi classe o da qualsiasi lezione in cui co-insegni, dall'anno scorso o dalla settimana scorsa. Se scegli ciò che desideri copiare, potrai anche apportare modifiche prima di pubblicarle o assegnarle.

Migliore compatibilità dei calendari: Gli utenti preferiscono miglioramenti che potenziano il flusso di lavoro. La classe creerà automaticamente un calendario in Google Calendar per ciascuna delle tue classi nel mese successivo. Tutte le attività con una data di scadenza verranno aggiunte automaticamente al calendario della classe e mantenute aggiornate. Puoi visualizzare il tuo calendario da Classroom o su Google Calendar, dove puoi aggiungere manualmente attività di classe come gite o relatori ospiti.

Bump a post: I post incollati sono stati a lungo una caratteristica di forum, tweet o aggiornamenti di Facebook. Ora puoi farlo anche su Google Classroom spostando ogni post verso l'alto.

Date di scadenza per l'apprendimento basato su progetti opzionali: Apprendimento autodiretto? Se utilizzi progetti a lungo termine o altre attività senza data di scadenza, ora puoi creare attività in Google Classroom senza date di scadenza. Aggiungi un modulo Google a un post: se sei un fan di Moduli Google (ecco un post sulla creazione di un esame auto valutato utilizzando Moduli Google), questo è un film che apprezzerai. Molti insegnanti hanno utilizzato Moduli Google come un modo semplice per assegnare alla classe uno studio, un quiz o un sondaggio. Insegnanti e studenti potranno aggiungere Moduli Google da Drive a post e compiti e connettersi in Classroom per vedere rapidamente le risposte. Funzionalità di YouTube: Ti piace YouTube, ma si tratta di contenuti inappropriati? Google ascolta. Poiché include anche contenuti che un'organizzazione o una scuola non trova adatti, il mese scorso Google Classrooms ha introdotto le impostazioni avanzate di YouTube come funzionalità aggiuntiva per tutti i domini di Google Apps. Queste impostazioni consentono agli amministratori delle app di limitare i video di YouTube visualizzabili per gli utenti che hanno eseguito l'accesso, nonché gli utenti che sono disconnessi dalle reti gestite dall'amministratore.

Google ha annunciato diverse modifiche alla sua piattaforma per dispositivi Chromebook. L'app shop creato per gli educatori offre non solo applicazioni di apprendimento e sviluppo, ma una moltitudine di "idee" per aiutare a motivare gli istruttori a sfruttare al meglio la tecnologia nelle loro classi. L'ultima personalizzazione di Chromebook App Hub renderà ancora più semplice per insegnanti e amministratori utilizzare l'hardware Chrome OS più recente utilizzato dagli studenti.

Trascinare e rilasciare: Nella pagina Lavori del corso, lo scorso autunno Google ha implementato la nuova pagina Lavori del corso, in cui gli insegnanti potevano rimanere organizzati e tracciare i loro corsi. Tuttavia, gli insegnanti organizzano le loro classi in vari modi e richiedono una maggiore versatilità nelle loro risorse in classe. Quindi ora puoi trascinare e rilasciare interi argomenti e singoli elementi in Lavori del corso, riorganizzandoli facilmente nell'elenco. Nella scheda Lavori del corso, puoi trascinare un intero argomento in una posizione specifica o trascinare singoli elementi all'interno e tra i temi. Questa funzione è stata lanciata sui dispositivi mobili lo scorso anno e ora è tempo che arrivi sul Web.
Ux aggiornato: a partire da gennaio 2019, gli utenti hanno anche potuto vedere che Classroom aveva un aspetto migliore e nuovo, prima sul Web e presto sulle app mobili in classe. L'azienda ha lanciato l'ultimo tema dei contenuti di Google nel 2014 per fornire una maggiore coerenza tra i prodotti e le piattaforme di Google. Vedrai un flusso di stile più fluido tra le modifiche, oltre a un nuovo approccio a forma, colore, iconografia e tipografia sia sul Web che sull'app mobile. Ciò rende anche il codice della classe più facile da accedere e proiettare in modo che gli studenti possano trovarlo e inserirlo facilmente.
Infine, sono stati lanciati 78 nuovi temi con illustrazioni di design, dalla storia alla matematica, dall'acconciatura alla fotografia. Ora più che mai puoi personalizzare la tua classe.
Formazione e aiuto migliorati: La necessità di ulteriore aiuto arriva con nuove risorse e miglioramenti. Nel Centro insegnanti, puoi trovare i video rivisti con il modello e le funzionalità più recenti che sono stati implementati nel 2018 durante il primo giorno di formazione in aula. Il nuovo e migliorato Centro assistenza è stato creato mentre c'era l'assistenza di Google, in tandem con il gruppo e la piattaforma del prodotto.
Allora cosa c'è di nuovo?

Con tablet e dispositivi abilitati al tocco sempre più di tendenza in classe, le nuove specifiche nello spazio delle app per Chromebook consentiranno agli insegnanti di trovare rapidamente app progettate per questi miglioramenti. Ecco alcuni esempi da The Keyword:

- Cerca le tue app e idee preferite e condividile con altri educatori.
- Nuove opzioni di filtro che consentono agli insegnanti di cercare la migliore app per migliorare le lezioni sul tablet Chromebook per argomento
- Funzionalità software e integrazione con Google, nonché la possibilità di filtrare le app attraverso leggi sulla privacy come GDPR e COPPA

L'ultimo filtro ha consentito di aggiornare già più di 20 applicazioni per sfruttare la modalità tablet Chrome OS, che supporterà utenti come il nuovissimo tablet Chromebook Lenovo 10e.

Di seguito è riportato uno schema dettagliato di tutte le funzionalità aggiornate che Google ha introdotto finora, negli ultimi anni.

Aprile 2020

Nuova caratteristica: Riunioni in classe video: gli insegnanti possono iniziare per l'apprendimento a distanza e gli studenti possono partecipare a riunioni video in Classroom con Google Meet.

Solo gli insegnanti in Classroom possono creare videoconferenze. Entrambe le riunioni video prodotte in Classe sono chiamate riunioni soprannominate, quindi se l'insegnante è l'ultima persona ad abbandonare, gli studenti non possono avviare una sessione prima dell'insegnante o entrare nella riunione. Queste autorizzazioni variano a seconda di come l'amministratore della scuola configura Meet.

Per utilizzare Meet in the Classroom: Gli account della scuola devono essere utilizzati da insegnanti e studenti e appartenere allo stesso dominio. Gli amministratori devono attivare Google Meet. Gli amministratori possono trovare ulteriore supporto per l'apprendimento a distanza in Configura Meet. Inoltre, le nuove funzionalità di G Suite Enterprise for Education saranno disponibili gratuitamente per tutti gli insegnanti di Classroom che utilizzano G Suite for Education entro il 30 settembre 2020. Tali app includono live streaming, registrazione e riunioni video per una classe di 250 studenti. Le sessioni dal vivo sono disponibili nelle versioni Web e Mobile di Classroom.

Gennaio 2020

Nuove caratteristiche: Notifiche di originalità: ora gli insegnanti possono attivare tre compiti per classe per ottenere risultati di originalità. I rapporti evidenziano il materiale di partenza per gli studenti nella loro ricerca e segnalano i riferimenti mancanti in modo che possano migliorare la loro scrittura. Gli insegnanti visualizzeranno i rapporti dopo che gli studenti avranno inviato il lavoro per verificare l'integrità accademica e fornire input dallo strumento di valutazione. Con G Suite Enterprise for Education, gli amministratori possono eseguire l'upgrade a rapporti sull'originalità illimitati. Rubriche -Gli insegnanti possono ora creare rubriche e riutilizzarle. Dopo il completamento del lavoro, gli studenti potrebbero rivedere la rubrica di un compito per aiutarli a rimanere in pista. Man mano che gli insegnanti valutano le griglie, le scelte di livello determineranno automaticamente un voto cumulativo, che può anche essere modificato manualmente. Gli studenti controlleranno rapidamente il loro feedback sulla rubrica al ritorno al lavoro.

Tutto sulle rubriche: Personalizzabile: fino a 50 requisiti e standard di dieci valori. Condivisibile: opzioni di importazione ed esportazione quando crei compiti intercambiabili: riutilizza una griglia in un altro compito.

Nota: le rubriche vengono distribuite corso per corso e dovrebbero essere disponibili tra pochi giorni.

Nuove funzionalità per dispositivi mobili: Visualizza i voti complessivi: se gli insegnanti condividono intere categorie, gli studenti possono visualizzare i voti complessivi su un dispositivo mobile (Android e iOS).

Vedi rubriche -su un dispositivo mobile (Android e iOS), insegnanti e studenti possono vedere la rubrica di un'attività.

Nuovi programmi beta: Partite scolastiche - Espande i rapporti sull'originalità all'interno della scuola per verificare la presenza di eventi. Per informazioni, vai a Iscriversi ai programmi beta in Classroom.

Internazionalizzazione -I rapporti sull'originalità vengono visualizzati in più lingue. Per informazioni, vai a Registrati ai programmi beta in Classroom.

Agosto 2019

Le nuove caratteristiche dello smartphone: Mostra le rubriche beta: ora insegnanti e studenti possono visualizzare le rubriche sul proprio dispositivo Android o IOS.

App IOS migliorata: gli studenti premevano "Il tuo lavoro" per mostrare i loro file durante un compito.

Nuovi aggiornamenti: Classroom con la pagina Lavori del corso: Google ha lanciato una nuova edizione di Classroom con funzionalità aggiuntive nell'agosto 2018, inclusa una pagina Lavori del corso per aiutare gli insegnanti a coordinare il lavoro in classe. Gli insegnanti possono anche tornare alla precedente edizione di Classroom.

L'ultima versione (senza la pagina Lavori del corso) è stata ritirata il 4 settembre 2019 e sospesa. Di conseguenza, gli insegnanti non potevano più avere la possibilità di eliminare la pagina Lavori del corso o tornare all'edizione precedente a partire dal 4 settembre 2019. Tutti i corsi che utilizzavano la versione precedente sono stati migrati automaticamente alla nuova versione a partire dal 4 settembre, 2019.

Per gli insegnanti, cosa significa?

Tutti i corsi che avevano nella versione precedente sono stati migrati automaticamente alla versione corrente a partire dal 4 settembre 2019. Le risorse del corso non sono state trasferite ai corsi trasformati nella scheda Impostazioni classe. È ancora possibile accedere a tali materiali (esclusi i contenuti di YouTube) nella scheda Drive degli insegnanti. Aggiungendo le stesse cose all'elenco Lavori del corso, potrebbero creare un'esperienza simile

Se tu, gli insegnanti, stavi utilizzando la versione precedente di Classroom, sei stato abilitato a spostarla nella nuova versione aggiungendo la pagina Lavori del corso prima del 4 settembre.

Cosa farebbero gli amministratori?

Sebbene gli insegnanti siano stati informati di questa modifica tramite notifiche all'interno del prodotto a partire da agosto, Google ha consigliato di avvisare gli insegnanti di questo aggiornamento nel dominio.

Nuove funzionalità per agosto 2019: Rapporti sull'originalità beta: ora puoi registrarti per i rapporti sull'originalità beta. Gli insegnanti dovrebbero accendere storie di originalità mentre assegnano un compito. Per ulteriori informazioni, vai a Registrati ai programmi beta in Classroom.

Giugno 2019

Nuove caratteristiche: Archivia un corso: gli insegnanti possono ora archiviare i corsi sui dispositivi mobili su IOS.

Pagina dei compiti degli studenti ridisegnata — È più probabile che gli studenti applichino la ricerca e comunichino con i loro insegnanti rispetto al passato. Vai a Richiedi un compito per i dettagli.

Registro dei voti: Pagina Voti: gli insegnanti registreranno i voti dalla pagina Voti e li restituiranno.

Sistemi di classificazione -Gli insegnanti possono selezionare un sistema di valutazione per ogni classe.

Categorie di grado -Gli insegnanti possono assegnare posti di lavoro in classe a categorie di voto.

Voto complessivo -se un istruttore lo desidera, gli studenti vedranno una classe per il loro punteggio complessivo.

Strumento di valutazione dei documenti -Gli insegnanti possono ricevere input dallo strumento di valutazione di Documenti e assegnare voti.

Nuovi programmi beta: Collega i voti al tuo SIS - Gli insegnanti possono trasferire le classi al loro sistema informativo degli studenti (SIS) direttamente dalla classe. Per esprimere interesse, gli amministratori possono andare alla pagina di registrazione per l'interesse beta.

Rubriche -Gli insegnanti possono creare e salvare griglie personalizzate per i compiti da valutare e condividere feedback con gli studenti. Gli insegnanti o gli amministratori possono accedere alla pagina di registrazione della versione beta affinché le rubriche mostrino interesse.

Maggio 2019

Nuove app per Android: Nuova visualizzazione dei voti su tablet: gli insegnanti possono applicare i voti sui tablet a un elenco di compiti a sinistra e fornire un feedback al singolo studente a destra.

La scheda Preferenze ha un aspetto nuovo.

Nuova funzionalità IOS: Selettore studenti: gli insegnanti possono selezionare casualmente gli studenti da utilizzare per chiamare.

Scegli uno studente a caso: Queste informazioni sono principalmente per gli insegnanti. Gli insegnanti possono utilizzare il Selettore studenti di Classroom per chiamare i propri alunni in modo casuale. Il selezionatore degli studenti seleziona gli studenti in modo casuale dall'elenco delle classi. Gli insegnanti possono chiamare uno studente, saltare uno studente per chiamarlo più tardi o contrassegnare uno studente assente. Questa funzionalità è disponibile solo su dispositivi mobili con Android e IOS.

Notala selezione degli studenti non è né accessibile né visibile agli studenti.

I seguenti passaggi potrebbero aiutare:

Per selezionare uno studente

· Sulla tua app per dispositivi mobili, scegli uno studente e seleziona l'icona Classroom, quindi Classroom, la tua classe e infine Persone.

· Seleziona l'icona del selettore Studente, quindi Studente nell'angolo in alto a destra

· Scegline uno: assegna un nome allo studente visualizzato, quindi seleziona "Avanti" per un altro studente.

· Puoi passare allo studente successivo anche sui dispositivi iOS.

· Selezionare Chiama più tardi per saltare la visualizzazione dello studente.

· Selezionare Assente per identificare lo studente mostrato non presente per la sessione di selezione.

· (Facoltativo) Selezionare Avvia di nuovo alla fine della riunione se si desidera reimpostare.

Per vedere l'elenco delle classi

· Per visualizzare un elenco di coloro che sono stati contrassegnati come Selezionati, Non scelti o Mancanti, vai all'elenco.

· Seleziona l'icona Classroom, quindi Classroom sulla tua app mobile, in seguito la tua classe e infine su Persone

·Seleziona il selettore dello studente Icona dello studente,
quindi il selettore nell'angolo in alto a destra
·Seleziona Non selezionato, Selezionato o Assente sotto i
rispettivi numeri.
·Vedrai quali studenti non sono stati scelti, selezionati o
assenti.
·Per tornare all'elenco Studenti, seleziona l'opzione Apri
Indietro o Chiudi nell'angolo in alto a sinistra.

Reimposta il selettore studenti
- Fai clic sull'icona Classroom, quindi su Classroom sul
  tuo dispositivo mobile e successivamente sulla tua
  classe e infine su Studenti.
- Seleziona l'opzione Selettore studente e quindi il
  selettore nell'angolo in alto a destra
- Seleziona Ripristina, nell'angolo in alto a destra
- Seleziona Ripristina per ricontrollare.
- Tutti gli studenti sono indicati come Non Selezionati.

Aprile 2019
Nuove funzionalità aprile 2019: Il nuovo lavoro ora viene
pubblicato in cima all'elenco Lavori del corso.
Adesso gli insegnanti filtreranno la pagina Lavori del corso
per tema.
Nuove funzionalità per Android: I co-insegnanti possono ora
lasciare una classe nell'elenco delle persone.
Un istruttore può invitarti a insegnare come co-insegnante
nella sua classe. Una volta entrati in una classe, i co-insegnanti
eseguiranno tutti i compiti dell'istruttore. Tuttavia, gli
insegnanti della primaria e i co-insegnanti in Classroom
dispongono di autorizzazioni separate.
Tali distinzioni essenziali sono:
·L'insegnante principale può eliminare solo una classe.
·L'insegnante principale non può rilassarsi o essere escluso
dal corso.

·Gli insegnanti non possono essere messi a tacere in una classe.

·L'insegnante principale gestisce la cartella del corso di Google Drive. Al co-insegnante viene concesso l'accesso alla cartella Drive della classe dopo che un co-insegnante è entrato nella classe.

·Il tuo amministratore di G Suite potrebbe semplicemente incoraggiare gli insegnanti della tua scuola a iniziare le lezioni. Se hai problemi ad aggiungerti a un corso, contatta il tuo amministratore per modificare le impostazioni di iscrizione al corso per il tuo dominio.

·Se abbandoni un corso in cui co-insegni, non puoi riaprirlo a meno che non venga nuovamente invitato o iscritto al corso come studente.

Accettare un invito

·Vai su classroom.google.com per approvare una richiesta e premi Accedi.

·Accedi al tuo account Google. Ad esempio, you@yourschule.edu o you@gmail.com.

·Seleziona Consenti nella scheda della classe se desideri tenere la lezione. In caso contrario, premere Rifiuta.

·Nota: se sei un membro del college, non ti cancellerà dal college facendo clic su Rifiuta.

·(Facoltativo) L'invito può essere accettato facendo clic sul collegamento nel documento di invito.

Lasciando una classe

Hai due modi per abbandonare un corso come co-insegnante.

Dall'elenco Classi:

·Vai su classroom.google.com e poi premi Accedi.

·Accedi al tuo profilo Google. You@yourschool.edu , ad esempio, o tu@gmail.com.

·Fare clic sull'opzione "Altro" e quindi Abbandona la classe nella pagina che si desidera chiudere.

·Seleziona l'opzione "Lascia la classe" per confermare.

Dalla pagina Persone:

·Seleziona Altro e poi Abbandona la classe di fronte al tuo nome.

·Fare clic su Abbandona classe per confermare.

Condividi file con l'insegnante principale prima di lasciare una classe. L'insegnante principale accederà a tutti i dati che hai generato nella classe nella cartella Drive della classe. Puoi collegarli alla cartella Drive della classe se desideri condividere altri file, come note o un foglio di presenza. I dati o le directory che aggiungi alla cartella Drive del corso sono accessibili solo da insegnanti e co-insegnanti. Quando li condividi, gli studenti non possono accedere ai file o alle directory.

·Vai a the.google.com classroom e premi Accedi.

·Accedi al tuo profilo Google. Ad esempio, you@yourschool.edu o you@gmail.com.

·Selezionare la cartella Apri nella scheda del corso.

·Fare clic su Nuovo nell'angolo in alto a sinistra, quindi selezionare un'opzione: Cartella - per aggiungere una nuova cartella per i file alla classe Drive.

- Importa file: per accedere a una cartella sviluppata in precedenza.
- Caricamento della cartella - per eliminare una cartella generata in precedenza.

Marzo 2019

Nuove caratteristiche: Miglioramenti al commento privato notifiche - Le notifiche di commenti privati ora possono essere attivate o disattivate. Li otterrai anche separatamente da altri aggiornamenti sul lavoro. Per impostazione predefinita, ricevi avvisi e-mail per una serie di cose, ad esempio quando qualcuno commenta il tuo post o restituisce il lavoro al tuo istruttore. Queste impostazioni di notifica possono essere modificate in qualsiasi momento.

Agli studenti e agli insegnanti è consentito:

·Attiva o disattiva tutti gli avvisi.

·Seleziona quali aggiornamenti riceverai.

· Attiva o disattiva gli avvisi per la classe.
· Attiva o disattiva gli avvisi e-mail.
Puoi disattivare tutti gli avvisi da Classroom.
· Vai a the.google.com classroom e premi Accedi.
· Accedi al tuo account Google. Ad esempio,
you@yourschule.edu o you@gmail.com.
· Seleziona Menu, alla fine
· Fare clic sul pulsante Impostazioni. (Dovrai scorrere verso il basso)
· Accanto a Ricevi avvisi e-mail, scegline uno: per disattivare gli avvisi, fai clic su "Disattiva". Per attivare le notifiche, fai clic su "On".
Personalizza gli avvisi
Puoi scegliere quali aggiornamenti ricevere per tutti i voti.
Puoi, ad esempio, disattivare le notifiche di invito per tutti i corsi, ma lasciare attive le notifiche dei compiti.
· Vai a the.google.com classroom e premi Accedi.
· Accedi al tuo profilo Google. Ad esempio,
you@yourschule.edu o you@gmail.com.
· Seleziona "Opzioni" nella parte superiore di "Elenco". (Potrebbe essere necessario scorrere verso il basso.)
· (Facoltativo) Premere il pulsante "On" accanto a "Ricezione di aggiornamenti tramite posta elettronica".
·

Disattiva gli avvisi di classe
Puoi scegliere se ricevere o meno gli aggiornamenti per una classe specifica. Ad esempio, se non desideri ricevere notifiche per la tua classe di matematica, puoi disattivarle, ma per le altre classi riceverai comunque le notifiche.
Nota: Quando gli avvisi per una classe vengono disattivati, tutti i segnali per quella classe vengono disattivati.
· Vai a the.google.com classroom e premi Accedi.
· Accedi al tuo account Google. Ad esempio,
you@yourschule.edu o you@gmail.com.

·Selezionare Opzioni nella parte superiore dell'opzione Elenco. (Potrebbe essere necessario scorrere verso il basso.)
·(Facoltativo) Fai clic sul pulsante "On" accanto a "Ricezione di notifiche email".
·Fare clic sulla freccia giù accanto a "Aggiornamenti di classe".
·Fare clic sull'icona "On" o "Off" accanto al nome della classe

Febbraio 2019

Nuove caratteristiche

Notifiche di streaming - se utilizzi la scheda Lavori del corso, seleziona una visualizzazione compressa o estesa nello stream per le notifiche Lavori del corso, con la possibilità di nasconderle completamente.

Organizzazione del flusso -nei corsi che utilizzano Lavori del corso, trasferisci ogni post in cima alla riga.

I dettagli della classe includono le informazioni necessarie, come il nome della classe, la sezione e il numero della stanza, le impostazioni per i post sulla tua pagina di streaming, il collegamento alla riunione video della classe e il codice della classe. Puoi modificare i dettagli del corso nella pagina Impostazioni.

Gennaio 2019

Nuove caratteristiche:

Nuovo look - stile unico e tanti nuovi temi.

Trascina e rilascia i lavori del corso -Organizza facilmente intere materie o singoli post nella bacheca Lavori del corso.

Mostra e scambia rapidamente un codice di classe -I codici di classe per ogni classe ora si trovano nella parte superiore della scheda Stream.

Scorri per le opzioni -rimuove o modifica rapidamente i post scorrendo verso sinistra sul dispositivo smartphone (solo IOS).

Devi sapere alcune cose prima di continuare a utilizzare Google Classroom per i motivi sbagliati. È un sito di apprendimento online, ma non lo è:

Una chat: Puoi rispondere a compiti e annunci, ma non è disponibile alcuna funzione di chat. Puoi inviare loro un'e-mail se desideri essere in contatto diretto con i tuoi studenti oppure puoi consentire ad altre app Google di assumere questa funzione. Sogno di Meet Hangouts!

Uno strumento di test o quiz: Quando si tratta di realizzare quiz in Google Classroom, ci sono diverse possibilità, ma non dovrebbe ancora essere uno strumento di quiz. A tal fine, ci sono tanti altri buoni giochi. Pensa ai quiz su Moduli Google.

Opzione 1: Puoi aggiungere valutazioni e compiti all'interno di Google Classroom da altre applicazioni educative, come un test con voto automatico da una buona piattaforma.

Opzione 2: All'interno di Google Classroom, ecco cosa puoi fare: aggiungi una domanda. Quindi seleziona una risposta chiara o un elemento a scelta multipla. Non sembra poi così impressionante. Se vuoi migliorare la comunicazione interattiva nella tua classe digitale, è meglio scegliere la prima scelta.

Forum di discussione: Gli annunci possono essere fatti e gli studenti possono votarli, ma non è un luogo perfetto per parlare. Dai un'occhiata ad altre applicazioni in primo piano se stai cercando una risorsa per la classe naturale ma potente e gratuita che ispiri le discussioni (e altre cose interessanti).

Alcuni approfondimenti sui rapporti sull'originalità e altre funzionalità

Le funzionalità di Google Classroom che ora sono accessibili a tutti gli utenti erano precedentemente disponibili solo in versione beta. I rapporti sull'originalità e le rubriche sono tra questi.

Rapporti sull'originalità

I rapporti sull'originalità di Google Classroom fungono da risorsa per correggere contenuti non citati e possibili plagi. Questa funzionalità non è più in modalità beta: ora è disponibile in inglese per tutti coloro che utilizzano Classroom (spagnolo, francese e portoghese sono in beta). Per rendere questa funzione applicabile a un compito, gli insegnanti devono semplicemente spuntare la casella.

Al momento, gli insegnanti possono attivare gratuitamente i rapporti sull'originalità per tre attività (se la scuola utilizza G Suite Enterprise, non ci sono limitazioni). Sia gli insegnanti che gli studenti possono condurre le relazioni in qualsiasi momento durante l'assegnazione. I rapporti includono le date di scadenza (poiché il materiale web cambia continuamente). Gli insegnanti useranno lo strumento fino a 3 volte prima che gli studenti restituiscano i compiti. Gli insegnanti possono accedere ai report per ogni lavoro presentato.

Se il rapporto sull'originalità è stato completato, il collegamento alla "Visualizza rapporto sull'originalità" aprirà la storia, dove vengono evidenziati eventuali problemi. Il rapporto mostra il contesto del contenuto contrassegnato e sottolinea gli elementi in comune in grassetto. Fare clic sul passaggio ti porterà direttamente al sito Web con contenuti discutibili. Alla fine, ci saranno anche repositori di contenuti di proprietà della scuola all'interno di ciascun dominio per testare internamente il lavoro degli studenti. È possibile scegliere tra la visualizzazione della percentuale totale dell'assegnazione contrassegnata e il numero di passaggi contrassegnati. Il metodo consiste meno nel "catturare" uno studente in cattiva condotta, e più nel permettere loro di riconoscere e correggere possibili malintesi prima di finalizzare la loro ricerca.

Citazioni che utilizzano Esplora

Gli studenti possono utilizzare lo strumento Esplora per citare fonti che consentirebbero agli studenti di inserire note a piè di pagina in diversi formati di citazione. È sufficiente fare clic sul pulsante ed Esplora trova le connessioni tra gli argomenti dei documenti e il contenuto online. Il paragrafo nella forma scelta (ad esempio, APA, MLA e Chicago) è referenziato facendo clic sull'icona delle virgolette accanto al documento corretto. Una volta che la risorsa è citata, appare così in una nota a piè di pagina: in fase di segnalazione, ci si aspetta che non ci sia materiale contrassegnato, ma questo non garantisce una carta priva di plagio. E quando vengono citati passaggi, quando viene prodotto un rapporto sull'originalità, devono essere visualizzati i riferimenti. Gli insegnanti useranno anche il loro giudizio per valutare se c'è stato plagio.

Rubriche

Sebbene sia stato fatto un briefing sulle rubriche nelle funzionalità sopra menzionate, sarà discusso in alcuni dettagli più qui. Quando si invia un compito, la funzione Rubriche consente agli studenti di vedere i requisiti di valutazione, il che può aiutare gli insegnanti a valutare in modo più efficace. Le rubriche possono avere diversi parametri e valori in punti. A partire da ora, un valore numerico deve essere aggiunto a ogni punto. I dettagli di ogni criterio verranno visualizzati o nascosti facendo clic sulle frecce a destra (accanto al totale dei punti).

Le rubriche di assegnazione possono essere generate partendo da zero o importando i requisiti in un formato di Fogli Google. Nota i trucchi per risparmiare tempo del criterio di duplicazione quando costruisci una rubrica (fai clic sul menu a 3 punti "altro") e, ovviamente, copia e incolla! Il punteggio è facoltativo; i punteggi verranno aggiunti automaticamente al registro dei voti nella scheda "Voti" o "Voti" se gli insegnanti desiderano valutare il lavoro degli studenti.

Gli insegnanti possono riutilizzare una rubrica di un compito precedente o anche di una classe diversa. Apri il lavoro da valutare quando usi una griglia per valutare il lavoro e premi il pulsante di valutazione sotto il pulsante dei file. Qui è possibile, se appropriato, regolare il punteggio complessivo e inserire i punteggi per i diversi parametri. Puoi anche fornire un feedback privato per ogni studente, proprio come per gli altri compiti. Le rubriche possono fornire feedback tempestivi, personalizzati e descrittivi sul lavoro per gli studenti!

Google Forms: uno strumento complementare con Google Classroom

I moduli di Google sono tra gli strumenti più preziosi di Google Drive e sono, senza dubbio, uno dei dispositivi più affidabili su Internet. Se hai bisogno di un modulo di contatto o di una pagina di checkout, di un sondaggio o di una directory per studenti, è tutto ciò che ti serve per raccogliere rapidamente le informazioni. Bastano pochi minuti, con Google Forms, per crearne uno gratuito. Google Forms, insieme a File, Schede e Presentazioni, fa parte del kit di strumenti di Google di applicazioni online che ti aiutano a ottenere di più dal tuo browser gratuitamente. È veloce da usare e uno dei modi più semplici per trasferire direttamente i dati su un foglio di calcolo ed è il compagno più vicino ai fogli di calcolo di Fogli Google.

Gli insegnanti possono utilizzare i moduli di Google per ottenere informazioni sugli studenti. Questi moduli possono anche essere utilizzati come campione prima di sostenere un esame. Una volta che gli studenti hanno ricevuto la domanda giusta, passano alla domanda successiva. Quindi, se sbagliano la domanda, li porterà a una pagina di supporto per discutere l'argomento e poi tornare al problema per riprovare. Gli insegnanti lo useranno per raccogliere informazioni su come stanno andando i loro grandi esami e quiz. Con diverse domande classificate, possono creare risposte brevi, risposte multiple, domande a risposta libera e molto altro. Poiché gli insegnanti utilizzano la tecnologia nelle loro classi e spesso adottano il modello capovolto, devono sapere se gli studenti possono accedere a Internet a casa e quanto sono sicuri dell'utilizzo della tecnologia.

Sarebbe intelligente porre ai propri studenti alcune domande sul tipo di tecnologia che stanno utilizzando, su quanto è sicura la loro connessione Internet a casa, su quanto sono a loro agio nell'usare la tecnologia e quale tecnologia stanno utilizzando. Se gli insegnanti hanno questa conoscenza, la useranno per aiutare gli studenti del gruppo e si assicureranno che abbiano qualcuno di bravo che li sosterrà. Dovrebbero anche assicurarsi che gli studenti che non hanno Internet a casa abbiano un posto dove guardare i video che sono stati girati.

Google Forms è nata come una funzionalità di Fogli Google nel 2008, due anni dopo il lancio iniziale di Fogli. Un foglio di calcolo può essere allegato a un file, convertito in un foglio separato e visualizzato in un altro livello con le tue risposte. Era necessario, ma il lavoro era fatto. Nel corso del tempo, Google ha aggiunto più funzionalità a Moduli e alla fine l'ha convertito nella sua app individuale all'inizio del 2016. Oggi su docs.google.com/forms, puoi creare e gestire moduli con modelli e accedere facilmente a tutti i tuoi modi in un posto.

Google Forms è ora un'applicazione per moduli completa che arriva gratuitamente al tuo account Google. In qualsiasi sequenza desideri, puoi aggiungere stili di domanda standard, trascinare e rilasciare domande, personalizzare il modulo con semplici temi di immagini o colori e raccogliere risposte in Moduli o salvarle su un tablet Fogli Google.

Il modo più semplice per iniziare a creare un modulo è tramite l'app Google Forms. Vai a docs.google.com/forms, scegli un modello o apri un nuovo tipo. All'interno di Documenti, Fogli e Presentazioni, c'è anche un collegamento a Moduli Google: premere File-> Nuovo -> Modulo per iniziare un nuovo modulo vuoto. Oppure, premi Strumenti-> Crea un modulo in Fogli Google per avviare uno stile nuovo e unico che viene automaticamente collegato a quel foglio di calcolo. Questo è il modo più semplice per ottenere dati in un foglio di calcolo nuovo o corrente: apri il foglio di lavoro in cui desideri il contenuto, avvia un modulo e le risposte al modulo verranno salvate lì automaticamente senza ulteriori clic.

L'editor per i moduli è semplice. Il modulo riempie il centro dello schermo con lo spazio per un titolo e una definizione, seguito dai campi per il percorso. Per modificarlo, seleziona un campo modulo e aggiungi una domanda. Utilizza la casella a discesa accanto alla domanda per scegliere la forma di un problema, ad esempio scelta multipla, caselle di controllo, risposta breve, ecc.

Google Forms fornisce varie impostazioni. La barra degli strumenti mobile a destra ti aiuta ad aggiungere più campi al modulo. È possibile modificare lo schema dei colori della disposizione nel menu in alto a destra, visualizzare la modalità e utilizzare il pulsante Invia per caricare il modulo e accedere ad altre scelte aggiuntive, inclusa l'installazione dei componenti aggiuntivi di Moduli. Per vedere le risposte correnti alla tua domanda, passa dalla scheda Domande alla scheda Risposte nel tuo Editor delle domande e aggiungila a un elenco.

Moduli Google contiene 12 tipi di campi: 9 tipi di domande, inclusi testo, immagine e video. Per aggiungere una nuova domanda, è sufficiente fare clic sull'icona + nella barra laterale destra o fare clic sulle icone di testo, immagine o video per allegare file multimediali al modulo. Per aggiungere in modo semplice domande simili al tuo stile, ogni campo include un pulsante Copia per duplicare la traccia. C'è anche un pulsante Elimina, opzioni per eseguire il rendering dell'area appropriata e un menu sul lato destro con scelte extra. Puoi cambiare i tipi di domanda in qualsiasi momento, anche se tieni presente che se passi dalla scelta multipla, dalla casella di controllo o dal menu ad altri tipi di domande, le impostazioni del campo e le domande verranno ripristinate. Quindi, per compilare rapidamente le domande del campo, fai clic su Invio per iniziare ad aggiungerne un altro.

Titolo e descrizione: I campi del titolo e della descrizione vengono aggiunti automaticamente a ogni modulo e campo, sebbene la descrizione sia nascosta nella maggior parte delle aree per impostazione predefinita e puoi utilizzare il pulsante Tt per aggiungere un ulteriore blocco di titoli ovunque. Per le domande, puoi lasciare il titolo e il riepilogo vuoti, ma devi inserire il tipo di testo principale.

La definizione non include le opzioni di formattazione, sebbene sia possibile includere collegamenti (in un formato ridotto, come links.com, o come stile a lunghezza intera come https: /links.com/), ei lettori del modulo faranno clic quelli per accedere al sito o ai contenuti correlati.

Risposta breve: Quest'Area è il posto migliore per richiedere piccole parti di testo: nomi, indirizzi e-mail, valori, ecc. Per rispondere alla domanda, ottieni una riga di testo, sebbene i tuoi utenti possano potenzialmente inserire tutto il testo che desiderano. Quest'area comprende convalide dei dati per numero, testo, durata ed espressione standard per assicurarti di ottenere le risposte di cui hai bisogno. Le convalide dei numeri ti aiutano a cercare intervalli di valori, mentre le convalide del testo sono ideali per gli indirizzi e-mail o le connessioni da verificare.

Paragrafo: Questo è un campo per il testo: il testo lungo è quasi uguale al campo della risposta breve. Le uniche convalide dei dati disponibili qui sono la durata e l'espressione regolare, quindi usale quando desideri un input completo o note più lunghe nella risposta.

Scelta multipla: L'Area predefinita in un modulo Google per nuove domande, più scelte consentono di elencare le opzioni e consentire agli utenti di selezionarne una. È quindi possibile fare in modo che il modulo passi a un'altra sezione, in base alla risposta o mescolare le opzioni di risposta per evitare pregiudizi.

Caselle di controllo: Simile a più opzioni, questo campo elenca le risposte e consente agli utenti di selezionarne quante ne desiderano. Richiede inoltre la convalida dei dati per consentire agli utenti di scegliere un certo numero di scelte. Questo, tuttavia, non contiene salti di segmento.

Cadere in picchiata: Vuoi tutte le risposte in un menu? Per te, allora questo campo è qui. È lo stesso dell'area a scelta multipla - con le stesse opzioni di salto e mescolamento del segmento - solo che questa volta le risposte sono in linea. È utile se vuoi mantenere il tuo modulo compatto perché ci sono diverse scelte da affrontare.

Scala lineare: L'area che consente alle persone di scegliere un numero in un intervallo lineare, consente di impostare una scala da 0 o 1 a 2-10 con le etichette delle scelte più basse e più alte. E sì, le emoji funzionano anche per le etichette.

Griglia di opzioni multiple: Questo potrebbe essere il campo più confuso perché i campi vengono mostrati in un elenco piuttosto che nella matrice quando i lettori li vedono. In sostanza, aggiungerai domande come scelte di righe e colonne. È possibile creare tutte le righe e le colonne che desideri, ma ricorda che i lettori dovranno scorrere verso destra per vedere più di sei colonne sui browser desktop o solo tre colonne mobili. Durante l'impostazione delle query sulla griglia, potresti voler mantenere aperta l'anteprima del modulo: seleziona semplicemente l'icona dell'occhio in alto a destra e aggiorna la pagina per vedere le modifiche. La griglia consente inoltre di richiedere una risposta per riga, oltre all'opzione di risposta standard, e può anche limitare gli utenti a una sola risposta per colonna.

Data: Vuoi chiedere una data o un periodo particolare, magari programmando un evento o registrando un'attività? Il campo della data è quello che desideri scegliere. Può richiedere una data e un mese nonché, facoltativamente, l'anno e il periodo. Ricorda che il formato della data verrà mostrato alla tua posizione nel formato predefinito. Se il tuo account Google è impostato sulla lingua inglese statunitense, le date verranno visualizzate come MM / GG / AAAA, mentre gli account inglesi britannici mostreranno le date come GG / MM / AAAA. I tuoi utenti possono vedere le scelte di data nel formato della data della tua lingua a meno che non siano inserite nel tuo account Google, quindi assicurati di tenerlo a mente durante la progettazione dei moduli.

Tempo: Il tempo consente di richiedere un periodo in ore, minuti e (facoltativamente) secondi per registrare con precisione il tempo impiegato da un'operazione.

Immagine: Google Forms ti consente di caricare una foto, inserire una foto da una connessione o Google Drive o scattare una foto dalla tua webcam (purché Flash sia installato). In alternativa, è possibile cercare immagini in Google Foto, comprese immagini stock royalty-free e foto di vita che possono essere utilizzate all'interno di Google Drive.

Video: I moduli Google supportano solo i video di YouTube, che puoi trovare effettuando una ricerca o collegandoti a un link.

Se hai incorporato foto o video, il modulo di iscrizione sarà compatibile con il titolo e la descrizione standard, insieme alle opzioni per ridimensionare e visualizzare il video o orientato all'immagine, a sinistra o a destra.

Sezioni del modulo e ragionamento

I moduli di comunicazione semplici richiedono solo pochi campi, ma sondaggi più lunghi su una pagina possono facilmente diventare scoraggianti con centinaia di domande. È qui che le sezioni tornano utili: per rispondere a una serie di domande alla volta, ti consentono di suddividere il modulo in parti. Basta fare clic sull'ultimo pulsante sulla barra degli strumenti di destra per aggiungere una sezione sotto il problema corrente. Ogni sezione contiene il titolo e la definizione, nonché un pulsante freccia in alto per visualizzare o nascondere le domande e per mantenere pulito il tuo editor di moduli.

Sebbene sia possibile trascinare le domande tra le righe, non è possibile riorganizzare le righe complete. Invece, potresti respingere le domande e quindi eliminare la riga. E, se desideri ripetere un segmento, fai semplicemente clic sul menu del segmento e seleziona la sezione Duplica per un'altra copia di quelle query. Questo è il modo perfetto per iniziare un modulo di salto logico. Supponi di voler porre domande di follow-up a un intervistato in base alle sue risposte - magari chiedi di quale carne ha bisogno un partecipante, ma solo se non è vegetariano.

Aggiungi semplicemente sezioni con le domande opzionali, quindi aggiungi una sezione per saltare alle selezioni multiple, alla casella di controllo o alle domande del menu o alla sezione stessa. Assicurati di pensare a dove vengono inviate anche le persone che non dovrebbero vedere queste domande, magari in una sezione diversa con domande alternative. Oppure, se non c'è altro da chiedere, puoi dare loro direttamente fino alla fine del modulo per richiedere le loro risposte.

Essere creativo: Le sezioni ei salti del modulo ti consentono di trasformare il tuo modulo in una mini-app e possono essere un ottimo modo per ogni persona per condensare sondaggi completi solo nelle domande più pertinenti.

Crea un quiz

Un altro modo per creare un modulo interattivo è tramite la funzione Quiz di Moduli Google. È possibile trovare una scheda di Quiz nelle impostazioni del modulo. Seleziona Rendi questo un questionario, quindi scegli se mostrare i risultati immediatamente dopo l'invio del modulo o successivamente dopo aver esaminato le risposte. Se scegli quest'ultima opzione, il modulo richiederà agli intervistati di accedere con il proprio account Google. Se scegli, puoi scegliere di visualizzare le risposte mancanti e corrette, nonché un valore per ciascuna scelta. Puoi vedere un nuovo pulsante Chiave di risposta in basso a sinistra di ogni domanda, con questo attivato. Selezionalo, quindi scegli la risposta giusta alla domanda. Facoltativamente, puoi fornire revisioni dei commenti sia per le risposte corrette che per quelle errate, con un link per gli intervistati per vedere maggiori dettagli se lo desideri.

Organizza il tuo modulo

C'è un posto in cui non hai scelta: il design del tuo modulo. I moduli di Google includono un colore o un'intestazione dell'immagine e un accento di colore più chiaro come sfondo. Le nuove forme sono di colore viola per impostazione predefinita, mentre le forme prototipo hanno anche un'immagine. Per modificare il tuo stile, premi l'icona della tavolozza dei colori in alto a destra, anche se solo leggermente. Puoi scegliere tra 15 colori con una tonalità di sfondo gratuita, ognuno di un colore più scuro per l'intestazione.

Per scegliere una foto o un disegno in stile Doodle di Google dalla libreria di Google, fai clic sull'icona della foto come foto dell'intestazione della tua pagina. Oppure scegli una delle tue foto di Google Drive o caricane una nuova e ritagliala per adattarla all'intestazione del modulo. I moduli sceglieranno quindi automaticamente un colore corrispondente alla cronologia delle immagini.

Alcune delle foto di intestazione utilizzate sono GIF animate con candele accese, palline che rotolano e altro ancora. Purtroppo appaiono come una normale immagine fissa se le aggiungi al modulo. Google Forms potrebbe ricevere supporto per GIF in futuro: per ora, le icone e i colori sono le uniche scelte di design in Forms.

Memorizza le risposte del modulo in un foglio di calcolo

Una volta che il modulo è stato generato, non è necessario fare altro per memorizzare le risposte degli intervistati in Moduli Google. Per impostazione predefinita, salverà qualsiasi risposta nella scheda Risposte, mostrando grafici di panoramica e elenchi di risposte. Una visualizzazione di una risposta individuale mostra il modulo dal vivo insieme ai risultati di ogni intervistato. È ottimo per le risposte rapide del modulo, ma puoi collegare il tuo modulo a un foglio di lavoro di Fogli Google per ulteriori strumenti per analizzare le risposte. Basta fare clic nella scheda Risposte sull'icona del foglio verde o premere. Seleziona Destinazione risposta nel menu, quindi crea un nuovo foglio di lavoro o scegline uno esistente per memorizzare le risposte.

Una cosa grandiosa del salvataggio di voci da Moduli Google in un foglio di calcolo su Fogli Google è che è facile. Modifica i nomi dei campi del modulo e verranno modificati automaticamente nel documento della tabella. Ottieni una nuova voce e non appena il destinatario fa clic su Invia, verrà visualizzata nell'elenco.

Google Forms conserva ancora una copia completa di tutti i dati del tuo modulo, quindi non preoccuparti se elimini accidentalmente qualcosa dal tuo foglio di lavoro. Apri le impostazioni di risposta per il tuo modulo e scollegalo dal tuo foglio di calcolo, oppure premi Modulo-> Scollega modulo all'interno del tuo foglio di calcolo. Quindi ricollega il modulo al tuo foglio di lavoro e Google Forms ripristinerà tutti i dati del modulo in un nuovo file.

Condividi i moduli compilati online

Pronto a ricevere risposte? Seleziona il pulsante Invia per condividere il modulo tramite e-mail o social network nell'angolo in alto a destra, copiare una connessione al modulo o ottenere un codice di incorporamento per aggiungerlo al tuo sito. Puoi copiare un link completo con il link o ottenere un goo.gl/forms/link abbreviato per condividerlo più facilmente sui social network. La scelta di incorporamento fornisce opzioni per la larghezza e l'altezza per adattarsi alla forma nel contesto del tuo web. La condivisione del modulo tramite e-mail richiede un'opzione aggiuntiva: condividere il modulo e-mail. Questo copia nell'email le scelte effettive del modulo e, se l'utente utilizza Gmail, può compilare il modulo nella posta in arrivo di Gmail, premere Invia e inviare la risposta senza mai vedere il modulo originale. Funziona solo in Gmail, però: Apple Mail visualizza i campi del modulo ma non invia le risposte a Google Forms, Condividi un modulo cartaceo o PDF

Hai bisogno di raccogliere risposte offline? Anche qui Google Forms aiuterà. Basta premere Stampa nella scheda Modulo e Google Forms farà una copia in stile ballottaggio del modulo che potrai stampare o salvare come PDF.

Le griglie e le opzioni a scelta multipla mostrano i pulsanti della pillola da riempire, mentre i campi di testo contengono risposte chiare. Digita semplicemente le tue risposte nel tuo foglio di lavoro di Fogli Google per salvarle insieme alle altre voci nel modulo finché gli intervistati non avranno compilato i tuoi moduli cartacei.

I moduli Google vengono spesso utilizzati dagli insegnanti durante il funzionamento delle aule online. I quiz, i compiti e altri test creati utilizzando questi moduli aiuterebbero a garantire l'efficacia di Google Classrooms.

In che modo Google Classroom supporta la differenziazione della classe?

Google Classroom può aiutare a semplificare la valutazione formativa, che è essenziale per aiutare gli studenti che potrebbero aver bisogno di ulteriore supporto o domande aggiuntive. Ad esempio, puoi utilizzare la piattaforma per creare, distribuire e raccogliere rapidamente biglietti di uscita digitali o valutazioni auto-valutate. Google Classroom può, in un certo senso, rendere più facile e veloce la raccolta di feedback giornalieri sui progressi dei tuoi studenti. Ci sono, ovviamente, molte altre risorse di valutazione formativa là fuori, molte delle quali ora forniscono integrazioni di Google Classroom.

Google Classroom consente inoltre a singoli studenti o piccoli gruppi di personalizzare facilmente i compiti. Ciò significa che gli insegnanti assegneranno ad altri studenti o classi di una classe compiti modificati o diversi. Hai anche la possibilità di fare il check-in in privato con uno studente per vedere se ha domande o ha bisogno di aiuto extra. La capacità di fare tutto questo online può rendere gli sforzi di distinzione degli insegnanti meno visibili per la classe, qualcosa che potrebbe essere utile per gli studenti che potrebbero sentirsi selezionati. La differenziazione sarà sempre una questione di risoluzione creativa dei problemi con o senza uno strumento come Google Classroom, e non esiste nessuno o un modo "giusto" per farlo. Fortunatamente, molti insegnanti pubblicano online le loro idee, strategie e soluzioni innovative.

3.3 Semplici passaggi per configurare Google Classrooms

Il semplice metodo di configurazione di Google Classroom è relativamente semplice, anche per gli utenti alle prime armi. Il Google Teacher Center offre più tutorial per iniziare: se stai cercando i video e i dettagli più popolari, questa è la soluzione migliore. Ci sono anche molti tutorial fai-da-te condivisi da professori ed esperti di sviluppo software su YouTube. Alcuni di questi video prodotti dagli insegnanti forniscono suggerimenti pratici e tecniche che hanno appreso nelle loro classi utilizzando il sito. Ok, quindi, ora che sei arrivato così lontano, significa che Google Classroom deve dirti qualcosa! Lo troverai facile da configurare e molto intuitivo continuare a usarlo. Segui questi passaggi per configurare il tuo account insegnante su Google Classroom:

Passaggio 1: registrazione

Poiché parliamo agli studenti dell'utilizzo di Google Classroom, si presume che ti trovi in una scuola o in un distretto che utilizza G Suite for Education. Si ritiene inoltre che tu conosca le informazioni di accesso a Google che ti sono state fornite dalla tua scuola o dal dipartimento IT. Infine, si pensa di dover accedere a Classroom da un laptop o da un dispositivo connesso a Internet. Prima di provarlo su uno smartphone o un tablet, si consiglia di farlo. Puoi utilizzare Classroom accedendo con un indirizzo e-mail di G Suite quando vai su classroom.google.com oppure puoi utilizzarlo per scopi didattici senza pretendere di farlo. In questo modo, funziona anche bene. Se hai centinaia di alunni nella tua classe, è solo più difficile gestire i tuoi studenti. Dovrai aggiungerli uno per uno.

Passaggio 2: imposta un corso

In qualità di insegnante, progettare un corso è una delle prime cose che farai in Classroom. In una classe, agli studenti verrà assegnato del lavoro e riceveranno annunci pubblicati dagli insegnanti. Se insegni a più classi (a livello secondario), per ogni sezione che insegni creerai una classe.

Adotta i passaggi seguenti per creare la tua prima classe:

- Vai su classroom.google.com e accedi.
- Seleziona il ruolo dell'insegnante.
- Fai clic sull'icona + nella home page di Classroom, quindi seleziona Crea corso.
- Assegna alla classe un titolo che abbia senso per te e i tuoi studenti.

I seguenti sono opzionali ma potrebbero essere rilevanti per la tua situazione di insegnamento:

·Fare clic su Sezione e immettere i dettagli per inserire una breve descrizione della classe, del livello o dell'orario di lezione.

·Selezionare Oggetto per aggiungere un oggetto come Algebra I e immettere un nome oppure selezionarne uno dalla categoria visualizzata quando si immette del testo.

·Fare clic su Stanza per accedere alla sede della classe e inserire le informazioni.

·Fare clic sul pulsante Crea.

Ora puoi vedere un codice di classe mostrato, ma non sarà immediatamente necessario. Quando potrai invitare gli studenti alla tua classe, ci tornerai in un secondo momento. Se hai bisogno di vedere il codice in qualsiasi momento, puoi visualizzarlo nella scheda Stream.

Congratulazioni, ora hai creato il tuo primo Google Classroom. Sei sulla buona strada per migliorare l'apprendimento degli studenti utilizzando Google Classroom.

Passaggio 3: invitare gli studenti a Google Classroom

Dopo aver creato la classe, puoi invitare i tuoi studenti a partecipare. Consenti loro di registrarsi inserendo il codice univoco che hai fornito loro utilizzando l'app Google Classroom. Puoi trovare il codice nella tua classe che è stata sviluppata. Vai alla pagina "studenti". Un'altra scelta è consentire ai tuoi studenti di inserire il loro indirizzo e-mail, uno per uno. Una cosa che dovresti tenere a mente è che i tuoi studenti hanno bisogno di un indirizzo e-mail da Gmail o Google.

Puoi anche fare in modo che i tuoi studenti visitino classroom.google.com per farli entrare. Puoi selezionare "iscriviti al corso" lì, inserire il codice del corso e i tuoi studenti entreranno! Questo potrebbe essere un po' 'più veloce in quanto non è necessario digitare l'indirizzo e-mail di ogni studente. Ora preparati per la tua lezione online! Almeno, è lì ed è accessibile a tutti. Devi fare alcune altre cose prima di poter decollare definitivamente.

· Fai la tua prima attività o un annuncio: puoi condividere una nuova dichiarazione nello stream oppure andare a Lavori del corso, fai clic sul pulsante "+ Crea" e condividi il tuo primo compito con Google Classroom. Non dimenticare di numerare i tuoi compiti. Gli studenti troveranno più facile vedere quale viene prima perché non è possibile riordinare le attività nello stream. Puoi anche trasferire le attività fino all'inizio. Premi il titolo per vedere se qualche studente ha consegnato i compiti. Inoltre, dai voti e feedback in seguito. Restituirai quindi le attività ai tuoi studenti in modo che possano iniziare di nuovo a modificare.

- Allega del materiale didattico al tuo curriculum / compito: Compila il materiale di Google Drive o aggiungi un video di YouTube, un file del computer, una connessione, ecc. Troverai queste opzioni proprio sotto la data di scadenza. Se desideri solo condividere la presentazione della tua classe, che non è correlata a un compito, puoi andare alla scheda "Informazioni". Qui è possibile aggiungere alcuni materiali didattici come diapositive, documenti interessanti ed esempi.

- Apri la cartella su Drive: Ogni volta che viene creato un nuovo corso, Google Classroom crea una cartella Drive per quel corso. Puoi navigare nella cartella andando a tutte le tessere della lezione. Puoi trovare l'icona di una cartella su ogni pezzo di tessera. Fare clic su di esso e sarai nella cartella. Puoi anche aggiungere materiali per la lezione qui. La maggior parte dei compiti degli studenti finisce automaticamente nella cartella Google Drive e la riavrai quando vuoi.

3.4 Aggiunta e valutazione dei compiti

Sebbene questa funzione sia già stata evidenziata in una certa misura nelle discussioni precedenti, questa sezione porterà alcune informazioni approfondite sull'aggiunta e la valutazione dei compiti utilizzando Google Classroom.

Assegnare un incarico

Gli studenti adorano i compiti a casa e, come insegnante con Google Classroom, puoi aggiungere facilmente compiti che includono il contenuto allegato. Dopo che il compito è stato pubblicato, gli studenti ricevono una notifica e-mail dell'attività, dopodiché lo completano e lo restituiscono. La cosa interessante è che perdono i diritti di modifica per quel compito dopo che gli studenti hanno consegnato il compito, il che significa che non possono cambiarlo. Quindi, l'attività può essere contrassegnata.

Ecco come fare il tuo compito in classe:

1. Accedi alla tua classe e fai clic sulla scheda Stream se non è già visualizzata.

2. Seleziona File.

3. Digitare il titolo del compito e la definizione facoltativa. La descrizione è un luogo perfetto per portare le indicazioni dell'attività.

4. Se necessario, premere la data di scadenza per modificarla.

5. Premere "Aggiungi ora" per aggiungere l'ora del giorno in cui è dovuto l'assegnazione.

6. Fare clic sull'icona corretta:

·Graffetta: questa opzione aggiunge un file al compito se hai materiali da aggiungere al compito. Puoi importare il file dal tuo disco rigido qui, che viene salvato nel tuo account Google.

·Google Drive: questa opzione aggiunge sempre un file all'attività, ma ti consente di individuare i dati direttamente sul tuo Google Drive.

·Pulsante di riproduzione di YouTube: questa opzione consente di aggiungere al compito un video di YouTube. Puoi controllare il video su YouTube o copiare o incollare l'URL del video di YouTube quando premi questo pulsante. I risultati di YouTube vengono visualizzati nella stessa finestra mentre stai cercando un video e puoi persino visualizzare l'anteprima del video, quindi non è necessario visitare il sito di YouTube.

·Collegamento: è possibile premere il pulsante di collegamento a catena sulla catena per incollare l'assegnazione in un URL esterno.

Puoi concedere le autorizzazioni per i documenti che carichi o selezionare da Google Drive per ciò che faranno gli studenti. Per consentire agli studenti di eseguire le seguenti operazioni, fare clic sull'elenco a discesa:

·Solo visualizzazione: selezionare questa opzione se si desidera che tutti gli studenti leggano gli stessi dati ma non si desidera modificarli. Questo è solo un bene per i materiali di confronto.

·Modifica: se desideri che tutti i tuoi studenti apportino modifiche allo stesso file, scegli questa opzione. Ciò è utile solo se si suppone che gli studenti lavorino insieme su un singolo compito.

·Crea una copia per ogni studente: se desideri che ogni studente abbia la propria copia del compito, scegli questa opzione. Gli studenti apporteranno modifiche e svolgeranno diverse svolte nell'attività. Questo è idealmente applicato ai tradizionali compiti a casa in cui lo studente è responsabile del proprio lavoro.

7. Fare clic su Assegna.

L'assegnazione viene effettuata e ogni studente viene informato del compito tramite e-mail. L'attività viene visualizzata nella pagina Stream della classe, in cui è possibile verificare quanti studenti hanno completato l'attività.

Sebbene tu possa caricare file creati in applicazioni non Google, come Microsoft Word, è più facile utilizzare i moduli di Google Drive per creare documenti se intendi condividerli in questo modo. File Google, Fogli e così via sono completamente incorporati in Classroom e, una volta completati i compiti, i tuoi studenti non dovranno fare i salti mortali. Ad esempio, se carichi un documento di Microsoft Word, lo studente dovrà scaricare il documento per completarlo, ricaricarlo al termine e aggiungerlo di nuovo al compito. Oppure avrebbero bisogno di aprire il file in Google Docs per completarlo e ricollegarlo al compito. Rimuove la maggior parte di questi passaggi creando il documento in Google Docs, tanto per cominciare.

Gli studenti e gli studenti riferiranno sul compito nella parte inferiore del compito nella scheda Stream. Qui puoi fornire spiegazioni aggiuntive oppure gli studenti possono fornire un feedback generale sul compito o porre domande che vedranno tutti gli altri studenti.

Valutare il compito

Con Google Classroom, i giorni in cui gli studenti distribuivano documenti e compiti a casa sono finiti. In qualità di istruttore, puoi svolgere i tuoi compiti con qualsiasi risorsa extra, come dispense o fogli di lavoro, nel tuo curriculum. Gli studenti completano e restituiscono il compito, il tutto elettronicamente su Google Drive. Puoi anche valutarli online dopo che i tuoi studenti sono tornati ai loro compiti. Ecco come:

1. Accedi alla tua classe e fai clic sulla scheda Stream se non è già visualizzata. Nella colonna centrale, vedrai i compiti che hai fatto.

2. Puoi vedere quanti studenti hanno completato il compito nella casella Attività e quelli che non l'hanno completato. Fare clic sul numero sopra l'opzione "Fine". È quindi possibile visualizzare l'elenco degli studenti che consegnano l'attività.
3. Seleziona il nome dello studente per estendere il suo compito.
4. Seleziona la cartella allegata al compito dello studente per vedere cosa ha consegnato lo studente. Il documento si apre nell'app mobile appropriata (ad esempio, Mobile Docs).
5. Fai tutte le osservazioni all'interno del documento che hai. Per distinguerti dal testo dello studente, dovresti digitare i tuoi commenti in modo diverso. Proprio come ai vecchi tempi, quando gli insegnanti contrassegnavano un compito a casa usando le penne rosse, puoi usare il testo rosso per aggiungere feedback. O, meglio ancora, l'input può essere ricevuto utilizzando la funzione Commento. Evidenzia semplicemente il testo che stai commentando e seleziona l'opzione Inserisci, quindi commenta. Digita il commento e premi Commento. Tutti i tuoi commenti vengono memorizzati automaticamente nel documento consegnato dallo studente.
1. Chiudi il documento per tornare alla pagina di lavoro per gli studenti.
2. Seleziona dove dice Nessun voto per valutare il lavoro.
3. Digitare il numero di punti assegnati, compreso tra 0 e 100. In quest'area, i voti in lettere non vengono riconosciuti.
4. Seleziona la casella accanto al compito per lo studente.
5. Seleziona "Return". I compiti devono essere restituiti agli studenti prima di documentarli.
6. La classe ti chiederà se desideri comunque che il compito venga restituito e se desideri un input. Al termine, fai clic su Restituisci compito.

7. L'attività viene visualizzata nell'elenco delle assegnazioni come restituita. Lo studente riceve un'e-mail in cui hai restituito il compito e, se necessario, può modificare il compito e restituirlo.

Quando si creano fogli di lavoro per i compiti, è meglio utilizzare le app di Google Drive, come Google Docs, Papers, ecc. Questo perché Classroom è completamente incorporato nelle applicazioni Google. Se utilizzi programmi di terze parti, come Microsoft Word, tu e i tuoi studenti dovete scaricare i file, ricaricare i dati e ricollegarli all'attività. L'utilizzo delle app di Google elimina tutto il duro lavoro.

Tattiche per risparmiare tempo durante la valutazione dei compiti

Alcuni insegnanti aggiungono un messaggio privato, per ogni studente, in ciascuno

Attività durante la valutazione in Google Classroom. E mentre su alcune attività ogni studente necessita di commenti univoci, altri consentono agli insegnanti di ripetere i commenti.

La banca dati dei commenti nello strumento di valutazione di Google Classroom è estremamente utile, ma spesso si scopre che solo 3-4 clic possono spesso sommarsi per inserire un commento, principalmente mentre si lavora con diversi studenti. Ciò porta all'invenzione di un suggerimento professionale per risparmiare tempo in Google Classroom: inviare un messaggio privato a più studenti contemporaneamente. Ecco il flusso per questo:

·Gli insegnanti, con lo strumento di valutazione di Classroom, possono svolgere i compiti degli studenti, uno per uno. Se lo studente ha bisogno di un commento specifico, può valutare, commentare e restituire dall'area degli strumenti per i compiti il lavoro di quello studente.

·Gli insegnanti possono inserire solo il loro voto nella scheda dei compiti e nessun feedback per gli studenti che soddisfano i criteri per un compito.

·Se gli insegnanti hanno terminato tutto il lavoro degli studenti e stanno restituendo tutti i compiti con un feedback specifico, possono tornare alla pagina Lavoro dello studente del compito. Questa è la pagina in cui possono vedere tutte le attività degli studenti in un'unica posizione. C'è un elenco di chi è stato consegnato, chi è ancora disperso e chi è stato classificato. È qui che si svolge la magia che fa risparmiare tempo!

·Seleziona tutti i compiti consegnati con un solo clic, quindi premi "Invio". In fondo a questa finestra pop-up c'è un'opzione di commento privato. Digita il feedback positivo, quindi fai clic su Restituisci e Google ripete questo commento privato per ogni studente e restituisce tutti i compiti con un clic!

Perché non liberare il più possibile da spendere per ciò che ami? Nell'istruzione, aprire un'intera giornata, un pomeriggio o anche un'ora può essere incredibilmente difficile. I professionisti devono essere spazzini del tempo, esigenti minuti lungo la strada, e quei minuti si sommeranno alle ore se sono intenzionali.

3.5 Valutazione della privacy per Google Classroom

I termini di Google affermano che utilizzano la conoscenza per migliorare la protezione e l'affidabilità dei servizi. Dichiarano di assumere obblighi contrattuali nel loro accordo su G Suite for Education e di impegnarsi a rispettare i requisiti di privacy e sicurezza.

Sicurezza

Google utilizza la conoscenza per migliorare la sicurezza e l'affidabilità dei servizi. Ciò implica l'identificazione, la prevenzione e la reazione a frodi, molestie, minacce alla sicurezza e problemi tecnici che potrebbero interessare Google, i suoi utenti o il pubblico. Una scuola offrirà agli studenti l'accesso a risorse Google come Google Documenti, Fogli, Presentazioni e Sites. Questi aiuti consentono agli studenti di interagire in tempo reale con i loro colleghi e istruttori, consentendo loro di condividere il proprio lavoro, ottenere feedback e apportare modifiche istantaneamente. Possono essere mantenuti privati, condivisi o persino resi pubblici, con altri (come un genitore o l'intera classe. Quando gli utenti condividono le informazioni pubblicamente, i motori di ricerca, incluso Google, possono indicizzare le informazioni. I servizi offrono diversi contenuti per la condivisione e l'eliminazione opzioni per gli utenti.

Privacy

Privacy G Education Suite consente agli utenti di creare un account Google, che viene sviluppato e gestito per consentire a studenti ed educatori di essere utilizzati da una scuola. I termini stabiliscono che la scuola può fornire a Google alcuni dettagli personali sui suoi studenti e insegnanti quando crea questo account. Nella maggior parte dei casi, include il nome, l'indirizzo e-mail e la password di un utente, ma può anche includere e-mail, telefono e indirizzo secondari se la scuola desidera fornire tali dettagli. Google può anche raccogliere specificamente informazioni personali dagli utenti degli account G Suite for Education, come numeri di telefono, fotografie del profilo o altre informazioni che allegano a un account G Suite for Education.

Le funzionalità principali di G Suite for Education includono
Gmail, Calendar, Classroom, Contatti, Drive e Documenti.
Fogli, Presentazioni, Sites, Talk / Hangouts e Chrome Sync. In
base al contratto G Suite for Education, queste strutture sono
messe a disposizione di uno studente. Oltre ai servizi
principali, gli utenti di G Suite for Education avranno accesso
ad altri servizi Google comunemente accessibili ai clienti,
come Google Maps, Blogger e YouTube. Tali concetti sono
considerati "servizi aggiuntivi" perché esulano dai programmi
principali di G Suite for Education.
Per gli utenti di G Suite for Education nelle scuole primarie e
secondarie (K-12), Google non raccoglie né utilizza
informazioni di identificazione personale (o informazioni
pertinenti a un account G Suite for Education) per scopi
pubblicitari. Non vengono utilizzati dati per creare profili
pubblicitari, sia nei servizi principali che in altri servizi
Google a cui si accede utilizzando un account G Suite for
Education. I genitori e gli educatori, tuttavia, devono essere
consapevoli del fatto che Google potrebbe pubblicare annunci
nei "servizi aggiuntivi" per gli utenti di G Suite for Education.
Tuttavia, gli amministratori hanno il diritto di limitare
l'accesso a questi servizi aggiuntivi. Infine, i termini di Google
affermano che non possiedono dati utente nei servizi
principali di G Suite e non distribuiscono o vendono dati di G
Suite a terzi.
Sicurezza

I termini di sicurezza di Google affermano che sono interamente impegnati nella protezione e nella privacy dei dati degli utenti e che proteggono gli utenti e le scuole dai tentativi di utilizzarli in modo improprio. Google afferma che i suoi sistemi sono tra i più affidabili del settore e si oppone in modo aggressivo a qualsiasi tentativo non autorizzato di accedere ai dati dei clienti. I termini di Google affermano che tutte le strutture utilizzate per archiviare ed elaborare i dati degli utenti sono conformi a requisiti di sicurezza equi che non sono meno rigorosi di quelli nelle strutture in cui Google memorizza ed elabora il suo tipo simile di informazioni. I termini di Google definiscono inoltre che ha introdotto procedure e sistemi standard di settore per garantire la protezione e la riservatezza dei dati degli utenti, per proteggere da potenziali minacce o rischi per la sicurezza o la privacy dei dati degli utenti e per proteggere dall'accesso o dall'utilizzo non autorizzato delle informazioni degli utenti. Inoltre, i data center di Google utilizzano nuovo hardware che esegue un nuovo sistema operativo e file system robusti. Per protezione ed efficienza, ognuno di questi sistemi è stato ottimizzato. I termini affermano che poiché Google gestisce l'intero stack hardware, può rispondere rapidamente a qualsiasi minaccia o vulnerabilità che potrebbe sorgere. I termini e le condizioni di Google affermano che deve adottare misure ragionevoli per garantire che il proprio personale, appaltatori e sub-responsabili del trattamento soddisfino tutti i requisiti di sicurezza nella misura pertinente al loro ambito di attività. Questi passaggi includono la garanzia che tutte le persone autorizzate a trattare dati personali si siano impegnate alla riservatezza o siano soggette a un ragionevole requisito di riservatezza legale.

I termini di Google affermano inoltre che crittografano i dati
di Gmail e Google Drive (inclusi gli allegati). Inoltre, i dati
utente caricati o generati nei servizi G Suite verranno
crittografati a riposo. I termini di stato dei dati vengono
crittografati in più livelli. Google impone HTTPS (Hypertext
Transfer Protocol Secure) per tutte le trasmissioni da utente a
G Suite e utilizza Perfect Forward Secrecy (PFS) per tutti i suoi
servizi. Google crittografa anche le trasmissioni di messaggi
utilizzando TLS (Transport Layer Protection) a 256 bit con altri
server di posta e utilizza 2048 chiavi di crittografia RSA per
l'autenticazione e i livelli di scambio delle chiavi. Ciò
impedisce lo scambio di messaggi poiché gli utenti utilizzano
spesso TLS per inviare e ricevere e-mail con terze parti. PFS
non consente l'archiviazione delle chiavi private per la
connessione in una memoria permanente. Chiunque perda
una singola chiave non decodificherà più le connessioni che
valgono mesi; inoltre, le sessioni HTTPS non vengono de
crittografate retroattivamente nemmeno dall'operatore del
server.

Infine, se Google viene a conoscenza di una violazione dei dati
non autorizzata, i termini affermano che Google informerà
immediatamente e senza ulteriori ritardi gli utenti della
violazione dei dati e intraprenderà immediatamente le azioni
appropriate per mitigare i danni e proteggere i dati degli
utenti.

Conformità

I termini di servizio di Google affermano che assumono
obblighi contrattuali nei loro accordi di G Suite for Education
e che si impegnano a rispettare i requisiti di privacy e
sicurezza. Che si tratti di dashboard in tempo reale per
controllare le prestazioni del sistema, dell'audit dei processi di
Google in corso o della condivisione della posizione del data
center di Google, i termini affermano che Google si impegna a
fornire la piena responsabilità a tutti i suoi utenti.

I termini di G Suite for Education affermano che i suoi servizi principali sono conformi al Family Educational Rights and Privacy Act (FERPA). Laddove i dati degli utenti contengano informazioni sull'istruzione FERPA, Google sarà considerato un "funzionario scolastico" (come definito nella FERPA e nei relativi regolamenti di attuazione) e dovrà essere conforme alla FERPA. Inoltre, se le scuole consentono agli utenti di età inferiore ai 13 anni di utilizzare G Suite for Education, i termini di Google stabiliscono che richiedono contrattualmente alle scuole di ottenere il consenso dei genitori utilizzando G Suite for Education come specificato dal COPPA. Le scuole devono anche ottenere il consenso dei genitori per la raccolta e l'uso delle informazioni personali negli "elementi aggiuntivi" che la scuola può scegliere di utilizzare con gli studenti prima di consentire a qualsiasi Utente finale di età inferiore ai 18 anni di utilizzare questi servizi.

Nelle scuole primarie / secondarie (K-12), i genitori degli utenti di G Suite for Education possono accedere alle informazioni personali dei propri figli, esportare i dati o richiedere che vengano rimossi, tramite l'amministratore della scuola. Gli amministratori scolastici dovrebbero avere il controllo parentale, l'esportazione e la cancellazione delle informazioni personali compatibili con la funzionalità dei servizi. I termini stabiliscono inoltre che se un genitore desidera evitare qualsiasi ulteriore raccolta o utilizzo dei dati del bambino, il genitore può richiedere che l'amministratore utilizzi i controlli del servizio a sua disposizione per limitare l'accesso del bambino a funzioni o servizi, o rimuovere l'account del bambino interamente.

3.6 App per la creazione di contenuti per Google Classroom

Google Classroom si coordina con centinaia di programmi educativi. Queste integrazioni fanno risparmiare tempo a insegnanti e studenti e semplificano la condivisione delle conoscenze tra Google Classroom e le loro app preferite. Di seguito è riportato l'elenco di alcune applicazioni utili che lavorano a stretto contatto con Google Classroom per rendere l'apprendimento un'esperienza piacevole.

Apprendimento attivo

Questa applicazione di apprendimento costruttivo funziona perfettamente con Google Classroom. Gli insegnanti possono sincronizzare rapidamente gli elenchi di Classroom per apprendere e sincronizzare attivamente i compiti e i voti dell'apprendimento attivo su Google Classroom.

App Additio

L'App Additio è un pacchetto di collaborazione che consente agli insegnanti di rimanere organizzati e contattare studenti e famiglie in modo efficiente. Fornisce altri strumenti utili, come un libro di valutazione forte e un pianificatore di lezioni durevole.

Aeries

Gli insegnanti possono connettersi o creare nuove classi in base alle loro classi Aeries e importare i punteggi nel registro di valutazione Aeries.

Aladdin

Questa integrazione consente lo sviluppo automatico dei corsi di Google Classroom basati sui corsi in Aladdin. È anche possibile sincronizzare compiti e voti tra Aladdin e Classroom.

Alma

Questa app è il primo sistema informativo per studenti a fornire la piena integrazione con Google Classroom. Gli insegnanti possono sincronizzare compiti e voti con questa integrazione e i team tecnici possono occuparsi della creazione e della gestione dei corsi di Google Classroom attraverso le loro scuole e distretti.

Museo Americano di Storia Naturale
L'American Museum of Natural History fornisce servizi e
risorse educative K-12. Per condividere documenti,
programmi e strumenti correlati, utilizza l'opzione Condividi
in Classroom.
Aristotle Insight: K12
 Questo sistema all-in-one di gestione della classe, filtraggio
dei contenuti e monitoraggio consente agli studenti di
diventare cittadini digitali informati e sicuri.
Assistenti
Fornisce feedback sincrono a insegnanti e studenti quando gli
studenti completano i compiti utilizzando questa risorsa
online gratuita.
Widget del libro
Book Widgets fornisce modelli di allenamento collaborativi.
Per coinvolgere gli studenti, gli insegnanti possono scegliere
tra oltre 40 diversi widget o modelli.
Brain POP
Con Brain POP, gli insegnanti possono importare le loro classi
direttamente in My Brain POP da Google Classroom. Gli
account studente pronti per SSO vengono creati quando un
insegnante importa una classe, consentendo agli studenti di
accedere a Brain POP tramite il menu di avvio di Google.
Buncee
Una piattaforma di progettazione e presentazione per
sviluppare materiale didattico coinvolgente per studenti ed
educatori consente agli studenti di tutte le età di immaginare
idee e connettersi in modo creativo. Crea semplicemente il tuo
compito, nota, promemoria della classe, attività o progetto e
condividilo in Google Classroom con gli studenti.
CK-12
La piattaforma CK-12 fornisce una libreria di libri di testo
online gratuiti, animazioni, quiz, flashcard e applicazioni del
mondo reale per oltre 5000 argomenti che vanno
dall'aritmetica alla storia.

Classcraft

Con l'incorporazione di Classcraft, gli insegnanti impiegheranno un solo clic per estrarre elenchi da Google Classroom e fornire account. Gli insegnanti potrebbero assegnare punti di svolta tempestivi ai compiti degli studenti inviati in tempo utile, nel gioco, e tradurre i risultati di Classroom in punti del gioco.

CodeHS

CodeHS è un solido framework progettato per aiutare le scuole a insegnare informatica. Hanno strumenti e risorse per istruttori online e curriculum di sviluppo professionale.

Curiosity.com

La loro missione è stimolare la curiosità e incoraggiare gli studenti. Questa app sviluppa e cura argomenti coinvolgenti ogni giorno per milioni di studenti per tutta la vita in tutto il mondo.

Nearpod

Nearpod è un dispositivo di presentazione. È molto di più! Fai le tue presentazioni coinvolgenti. Aggiungi alcune diapositive, diapositiva per diapositiva o seleziona un particolare modello di Sway che puoi regolare. Tutte queste diapositive costituiscono un'eccellente presentazione interattiva. Soprattutto quando stai introducendo attività come quiz, domande a risposta aperta, sondaggi, domande e altro. Nella tua presentazione, che ne dici di portare i tuoi studenti in gita scolastica? Aggiungi solo una diapositiva dalla libreria di Nearpod, con un'esperienza di realtà virtuale.

Quando la presentazione è pronta, i tuoi studenti possono scegliere di inserire un codice nella loro app Nearpod o semplicemente fare clic sulla connessione in Google Classroom loro assegnata. Sei responsabile dell'interpretazione come istruttore. Se passi a un'altra diapositiva, anche la presentazione degli studenti sui loro dispositivi si trasformerà in quella diapositiva.

Se i tuoi studenti devono fare un quiz o un questionario, potrebbero farlo sul loro computer, poiché fa parte della presentazione: una serie di risposte dal vivo! Quindi, puoi vedere come hanno risposto immediatamente i tuoi studenti. Duolingo

Insegnare una lingua è un lavoro difficile da fare e una cosa difficile da capire per gli studenti? Duolingo è anche una delle applicazioni Google Classroom più popolari da utilizzare! Questa app funziona bene ed è considerata il dispositivo di insegnamento e apprendimento delle lingue più popolare al mondo. Attraverso le 23 lingue che fornisce dallo spagnolo al francese, russo, olandese, svedese, italiano, ebraico e altro, i tuoi studenti possono imparare a parlare correntemente qualsiasi lingua praticando continuamente con questo programma.

Duolingo insegna una lingua attraverso piacevoli lezioni di natura minuscola. Ti aiuta anche a registrarti mentre parli e vedi com'è parlare in un'altra lingua. Sebbene Duo il gufo tenga traccia di come stai andando, puoi esercitarti a parlare con i robot in termini reali! E sì, Duolingo è collegato a Google Classroom ed è una delle migliori applicazioni da utilizzare per gli insegnanti.

Capitolo 4: Google Classroom: una piattaforma interattiva
Se desideri creare una piattaforma più connessa per gli studenti, potresti prendere in considerazione l'idea di farlo nella pagina Stream di Google Classroom. Lo Stream è un feed di Google Classroom in cui tutti i membri della classe possono trovare annunci e compiti imminenti ed è la prima cosa che gli studenti vedono quando effettuano l'accesso.

Alcuni insegnanti utilizzano lo Stream per creare forum di discussione in classe, in cui gli studenti possono connettersi online facendo domande o commentando i post. Tali forum di discussione aiuteranno a migliorare il coinvolgimento della classe e daranno più potere agli studenti nel far sentire (o leggere) la loro voce dall'insegnante. Puoi utilizzare lo Stream come una sorta di social network chiuso con conversazioni e può essere un ottimo modo per aiutare i bambini a esercitarsi utilizzando tutti i tipi di diverse abilità di cittadinanza digitale in un ambiente in stile "giardino recintato". Google promuove l'interazione nella sua applicazione in classe per garantire un risultato più significativo.

4.1 Coinvolgimento attraverso l'interazione studente-insegnante

Una volta che uno studente accede per completare un compito, farà un commento sulla classe a cui tutti gli altri compagni di classe e gli insegnanti assegnati a quella classe riceveranno una notifica (tramite e-mail e notifica dell'app) a cui gli studenti e gli insegnanti risponderanno. Questa può essere un'enorme opportunità sia per l'insegnante che per gli studenti perché possono rispondere a una domanda o assistere l'intera classe con un malinteso.

Uno studente può anche inviare un messaggio privato all'insegnante se desidera porre una domanda senza gli occhi indiscreti dei suoi compagni di classe. Dopotutto, gli stessi problemi sociali sono evidenti nel mondo digitale come in Classe (quante volte, come insegnante, hai avuto a che fare con i conflitti sui social media degli studenti?).

I seguenti modi possono portare a un'interazione più significativa studente-insegnante con Google Classrooms. Con Google Classrooms, gli insegnanti possono:

·Organizzare, distribuire e compilare compiti, materiali per il corso e ricerche degli studenti online. Gli insegnanti sono spesso in grado di pubblicare un'attività in classi diverse o di cambiare e ripetere gli incarichi anno dopo anno. Ciò porterebbe a una certa interazione tra insegnanti e studenti.

·Comunicare i compiti in classe con gli studenti. Possono utilizzare il sito per pubblicare annunci e note sulle attività ed è facile vedere chi ha terminato il proprio lavoro o chi no. Possono anche fare il check-in privato con i singoli studenti, rispondere alle loro domande e dare supporto, come già accennato all'inizio.

·Offrire feedback tempestivi agli studenti sui loro compiti e valutazioni. I Moduli Google possono essere utilizzati all'interno di Google Classroom per creare e scambiare quiz, che vengono valutati automaticamente quando gli studenti li consegnano. Non solo gli insegnanti passerebbero meno tempo a valutare, ma i loro studenti forniranno un feedback diretto sul loro lavoro.

Coinvolgimento tramite video

Gli educatori possono fornire voti o revisioni elettronicamente senza dover mai occuparsi di scartoffie utilizzando la tecnologia aperta. Inoltre, tutto il lavoro sul corso viene salvato in modo che gli studenti possano rivederlo mentre sono a casa. Gli studenti possono anche completare i compiti tramite Google Classroom e comunicare con gli insegnanti. Questo metodo di comunicazione a due vie rende più conveniente l'insegnamento e l'apprendimento utilizzando la piattaforma. Incorporando il video, il coinvolgimento degli studenti diventa ancora più confortevole.

Di seguito sono riportati alcuni motivi per cui i video potrebbero essere utili in una classe Google:

·Il video facilita la collaborazione e l'apprendimento: in Google Classroom, i contenuti multimediali vengono utilizzati dagli insegnanti per migliorare il lavoro del corso. Molti realizzano video all'interno della loro classe come risorse di apprendimento interattivo. Utilizzando le piattaforme video, gli educatori possono creare tutorial o lezioni video, fornire input agli studenti, utilizzarli come compiti per gli studenti o acquisire lezioni con un clic del pulsante di registrazione.

·Fattibilità nell'accesso: utilizzando i video, gli educatori possono interagire in modo efficace e continuare a far apprendere gli studenti senza dover perdere tempo in classe. I video vengono inviati a casa e visualizzati in scenari di apprendimento capovolti o misti. Lo studente imparerà da casa, il che lo rende più interessato alla classe.

The Classroom è un'applicazione online che può essere utilizzata ovunque. Agli educatori viene concesso l'accesso ai propri video su più dispositivi con un account. Possono passare rapidamente da un dispositivo all'altro e avere accesso alle registrazioni video.

Con le app del Chromebook, insegnanti e studenti possono registrare e condividere i propri video. I video possono essere archiviati direttamente su Google Drive. Tutti i file caricati vengono archiviati in una cartella in Classroom. Ciò rende i video facilmente accessibili sia agli insegnanti che agli studenti.

- Risparmia tempo: Il video è incredibile per risparmiare tempo. Dimentica di scrivere compiti lunghi o di valutare documenti! Con il video, gli educatori possono filmare i compiti ed essere in grado di assegnarli tutti in pochi minuti. Gli insegnanti aggiungeranno un file video con le istruzioni quando effettuano un compito in una classe.

- Incoraggia il lavoro di squadra e la comunicazione: Il video incoraggia la collaborazione e rafforza le conversazioni. Google Classroom offre agli studenti diversi modi per lavorare insieme. Gli insegnanti possono incoraggiare discussioni online da studente a studente e creare progetti di gruppo all'interno dello strumento. Gli studenti terranno discorsi tra loro con video e completeranno le attività assegnate loro. Inoltre, gli studenti possono collaborare su Google Documenti e condividere facilmente il proprio lavoro con gli insegnanti.

È un ambiente di apprendimento di immersione totale anche e soprattutto collaborativo. Utilizzando i video, possono arricchire ulteriormente l'esperienza. Con Classroom, gli insegnanti possono separare i compiti, integrare video e pagine web nelle classi e creare compiti di gruppo condivisi per gli studenti.

- Rafforza il legame studente-insegnante: Il video fornisce un collegamento più affidabile con gli studenti. È necessario un feedback positivo affinché gli studenti imparino. Questo è un aspetto degno di tutto l'apprendimento. Allora perché non farlo in video? Studi recenti hanno dimostrato che a un livello superiore, il tutoraggio video e il feedback richiedono agli studenti di comunicare con gli insegnanti. Dà loro un legame che altrimenti non avrebbero in un ambiente di gruppo. Il video offre un'amicizia One-to-One senza essere faccia a faccia.

Gli insegnanti di Google Classroom possono valutare facilmente i compiti. Possono fornire un feedback personalizzato a qualsiasi studente. C'è anche la possibilità di commentare lo strumento di valutazione. Inoltre, l'app Classroom negli smartphone aiuta gli utenti ad annotare le ricerche. Google Classroom può salvare rapidamente tutti i tipi di voti.

Registra il video, vai al registratore dello schermo e premi il pulsante "registra". È necessario caricare e pubblicare il video quando è finito e fornire agli studenti il collegamento. Possono accedervi da qualsiasi luogo.

Filma e condividi ogni video didattico con i tuoi studenti. Puoi monitorarli mentre guardano la lezione video. Potrai vedere se i tuoi studenti hanno guardato il tuo video. Capirai anche quando gli studenti hanno iniziato a guardare esattamente e in quale sezione continuavano a venire. L'analisi video ti aiuta a capire cosa interessa o coinvolge i tuoi studenti, quale parte del video necessita di ulteriori dettagli e dove perdono interesse.

4.2 Coinvolgimento attraverso l'interazione studente-studente
Inizialmente, mentre utilizzavano inizialmente la funzione di commento in classe, gli insegnanti hanno trovato alcuni tipi di distrazioni: c'erano tutte le solite chiacchiere tipiche del design dei social media. Tuttavia, una volta che gli studenti hanno iniziato a utilizzare Google Classroom, gli insegnanti hanno iniziato a notare un vantaggio leggermente inaspettato della funzione di commento della classe. Gli studenti hanno iniziato a rispondere alle domande degli altri. Nelle loro classi Google online, non tutte le classi o gli studenti lo fanno, ma quelli che eccellono. Mentre gli insegnanti devono intervenire e rispondere ad alcune domande, gli studenti si insegnano a vicenda per la maggior parte!

L'SRS (Student Response System) integrato nella piattaforma è una nuova importante funzionalità. Ciò aiuta gli insegnanti a inserire domande nella pagina stream di Classroom e ad avviare discussioni guidate da domande con gli studenti che si rispondono a vicenda. Gli insegnanti possono pubblicare un video, una foto o un articolo, ad esempio, e includere una domanda a cui vogliono che i loro studenti rispondano. In questo modo, gli insegnanti possono apprendere e controllare i progressi dei loro studenti, che è una pratica fondamentale. Possono farlo molto rapidamente con questa nuova funzionalità, da qualsiasi luogo e in qualsiasi momento.

Per aumentare l'interazione tra gli studenti online, gli insegnanti possono assegnare loro progetti di gruppo. Costringere gli studenti a lavorare insieme aggiungerà nuove esperienze per gli studenti e contribuirà a una forte collaborazione tra di loro. Il modo più efficiente di apprendere è l'apprendimento di gruppo. Questo offre agli studenti la possibilità di sostenere i loro compagni e di imparare a lavorare insieme. Gli insegnanti dovrebbero riunire gli studenti in piccoli gruppi per preparare e consentire a loro e al loro team di creare un progetto video. Possono chiedere loro di scattare foto, registrare riunioni e caricare e completare i documenti del progetto come immagini o file audio.

Tuttavia, se gli studenti non vanno d'accordo o i loro stili di lavoro non sono compatibili, può anche ritorcersi contro. In linea, questa dinamica può essere esacerbata perché gli studenti lavorano solo con una comprensione limitata delle personalità e delle attività dei loro compagni di studio.

4.3 Inclusione dei genitori in Google Classroom

Con l'app Google Classroom, puoi collegare gli indirizzi email dei genitori ai loro figli, il che aiuta i genitori a monitorare da vicino l'apprendimento a casa dei loro figli. I genitori, sebbene non possano vedere o interagire con il feedback della classe, ricevono semplicemente una notifica e-mail che il loro bambino ha un compito di apprendimento a casa, quindi è importante avere il consenso dei genitori per garantire che gli studenti sviluppino e realizzino il più possibile. Google definisce genitori e famiglie "tutori" che possono scegliere di ricevere riepiloghi di compiti non completati, compiti imminenti e altre attività del corso tramite email.

Un modo per garantire un maggiore coinvolgimento dei genitori nell'esperienza di apprendimento di Google Classroom è organizzare gli incontri serali per genitori e insegnanti. Gli insegnanti e il personale possono utilizzare Google Classroom come luogo centralizzato per prenotare appuntamenti serali per la consultazione tra genitori e insegnanti. Tutti gli insegnanti sono inclusi in Google Classroom e possono prendere in considerazione la creazione di un foglio di appuntamenti come e quando agli studenti viene assegnato un compito. In tale forma, gli insegnanti possono prenotare le date delle riunioni con i loro studenti e l'amministrazione scolastica saprebbe immediatamente quando è l'appuntamento. Questo potrebbe aiutare a rendere l'intera serata coordinata molto meglio e scorrere più agevolmente.

Capitolo 5: Vantaggi e limitazioni di Google Classrooms
L'analisi di Google Classroom di seguito indica alcuni vantaggi e svantaggi per aiutarti a determinare se Google Classroom è adatto per i tuoi corsi di e-learning.
5.1 Vantaggi di Google Classroom
1. Semplice da usare e di facile accesso da qualsiasi dispositivo
Anche se non sei un utente regolare di Google, utilizzare Google Classroom è un gioco da ragazzi. Oltre a essere fornito tramite il browser Chrome, può essere utilizzato anche da tutti i laptop, telefoni cellulari e tablet. Gli insegnanti possono aggiungere quanti studenti vogliono. Possono creare documenti Google per gestire assegnazioni e aggiornamenti, caricare video di YouTube, aggiungere collegamenti o scaricare file da Google Drive molto facilmente. Sarà altrettanto semplice per gli studenti accedere, così come raccogliere e consegnare i compiti.
2. Buona connettività e scambio
Uno dei vantaggi più significativi di Google Classroom è Google Docs. Questi documenti vengono archiviati online e condivisi con un numero infinito di persone e quando fai un annuncio o un compito utilizzando un documento Google, i tuoi studenti possono accedervi direttamente tramite il loro Google Drive, purché tu lo condivida con loro. Inoltre, nei file di Google Drive, i documenti di Google sono comodamente archiviati e personalizzati. In altre parole, per scambiare informazioni non servono più le email; devi solo costruire un testo, scambiarlo con tutti gli studenti che vuoi e voilà!

3. Il ciclo di assegnazione accelera

Che ne dici di creare e distribuire un compito con un semplice clic di un pulsante? E che ne dici degli studenti che trasformano in pochi secondi i compiti completati? Assegnare e consegnare i compiti non è mai stato così veloce ed efficace, perché tu, come insegnante, puoi controllare rapidamente in Google Classroom chi ha inviato i compiti e chi ci sta ancora lavorando e dare il tuo feedback immediatamente.

4. Feedback corretto

Quando si tratta di feedback, Google Classroom ti consente di offrire rapidamente il tuo supporto online ai tuoi studenti. Ciò garantisce che il feedback diventi più prospero poiché nuove recensioni e commenti hanno un impatto più significativo sulle menti degli studenti. Google Classroom è una risorsa progettata per aiutare l'insegnamento e l'apprendimento. È un eccellente forum interattivo per gli studenti lungo un corso o livello che l'istruttore può personalizzare in base al proprio stile di insegnamento, al profilo e agli obiettivi della comunità. Esistono diversi modi in cui gli insegnanti possono utilizzare Classroom. In sostanza, può essere utilizzato in un modo convenzionale guidato dall'insegnante o utilizzato in modo più creativo in un modo più contemporaneo, il che in effetti porterà a una maggiore innovazione e collaborazione tra gli studenti. Esiste una vasta gamma di contenuti disponibili online: siti Web, corsi, video di YouTube, forum, ecc.

5. Nessuna carta richiesta

Potrebbe esserci un giorno in cui sarebbe impossibile immaginare di valutare i compiti; Google Classroom è indubbiamente desideroso di ottenerelì il prima possibile.

Hai l'opportunità di rinunciare alla carta ed evitare di pensare
a stampare, distribuire o persino perdere il lavoro dei tuoi
studenti centralizzando i materiali di e-learning in un luogo
basato su cloud! Google Classroom consente agli studenti
l'accesso alle risorse, indipendentemente da dove si trovino,
poiché tutto è pubblicato online. Gli studenti non possono
perdere la loro ricerca nel caso in cui l'hanno persa fisicamente
in loro presenza. Dal momento che in genere funzionano su
Google Drive, tutto viene immediatamente salvato e le scuse
stanno diminuendo. Gli studenti incontreranno maggiori
prestazioni organizzative con alcune brevi lezioni su come
utilizzare correttamente queste risorse online. Quindi, sono
finiti i giorni di fogli di lavoro o rubriche persi. Quando
richiesto,

6. Interfaccia pulita e facile da usare

Google Classroom ti invita a rimanere fedele agli standard di
layout di Google puliti, in un'atmosfera in cui anche i minimi
dettagli del design sono semplici, intuitivi e di facile utilizzo.
Va senza dubbio con il detto che gli utenti di Google si
sentiranno come a casa.

7. Un buon dispositivo per commentare

Per una varietà di corsi online, gli studenti possono
commentare luoghi specifici all'interno delle immagini. Gli
insegnanti possono anche creare URL per nuovi commenti e
utilizzarli per ulteriori discussioni online. Ciò è stato
dimostrato frequentemente che la tecnologia coinvolge gli
studenti. Google Classroom può aiutare gli studenti a essere
coinvolti nel processo di apprendimento e a rimanere attivi.
Ad esempio, se gli insegnanti hanno studenti che rispondono
alle domande in classe, altri studenti commenteranno quelle
risposte e amplieranno il pensiero per entrambi gli studenti.

8. È per tutti

Gli educatori possono anche accedere a Google Classroom come studenti, il che significa che Google Classroom può essere configurato per te e per i tuoi co-insegnanti. Puoi usarlo per riunioni di facoltà, scambio di conoscenze o sviluppo professionale.

9. Lingua e competenze

Quando l'insegnante che produce la classe o il gruppo di studenti condivide i contenuti, gli insegnanti possono farsi carico dei livelli linguistici e mantenerli in relazione con la loro comunità di studenti, utilizzando la lingua a tutti i livelli come appropriato. Gli insegnanti possono sviluppare lentamente l'ambiente di apprendimento e distribuire i materiali del corso alla velocità delle loro classi, a seconda dei requisiti della materia e del profilo del gruppo. La scelta di quali studenti invitare a classi specifiche consente agli insegnanti di delegare il lavoro in base alle particolari esigenze di apprendimento dei loro studenti. Gli insegnanti possono creare classi fino a 1000 studenti e 20 insegnanti, consentendo l'insegnamento da parte di un team ove appropriato.

10. Contenuto dell'apprendimento delle lingue

Una caratteristica utile di Google Classroom è che, una volta inviato, aiuta gli studenti a svolgere il loro lavoro. Gli insegnanti riceveranno aggiornamenti sulle rielaborazioni degli studenti o feedback su qualcosa che trovano difficile. Ciò garantisce che possano dare agli studenti che ne hanno bisogno, un'attenzione individuale e dare loro più opportunità di mostrare il loro apprendimento, operando alla giusta velocità per loro. Gli insegnanti possono facilmente discernere la conoscenza determinando quali studenti potrebbero aver bisogno di ulteriore aiuto, chi potrebbe voler lavorare con griglie di risposta di risposte modello, ecc. Il plug-in di Google Translate per la classe è disponibile anche per gli insegnanti di lingua inglese.

11. Esposizione a un mondo online

Molte università oggi si aspettano che gli studenti seguano almeno un corso online durante la loro ricerca di laurea. Se si ottiene un master in educazione, alcuni dei loro corsi online potrebbero essere idonei. Purtroppo, molti studenti non hanno mai avuto alcuna esperienza di istruzione online. Ecco perché, in giovane età, gli insegnanti dovrebbero davvero assicurarsi che i loro studenti abbiano la massima visibilità possibile nel mondo online. Google Classroom è un modo semplice per gli studenti di assistere questo cambiamento perché è estremamente intuitivo, rendendolo un'introduzione tecnologica perfetta.

12. Differenziazione

Google Classroom è una risorsa ideale per la differenziazione, poiché gli insegnanti possono creare diverse classi diverse. Se gli insegnanti si concentrano su un argomento in classe e hanno gruppi che si concentrano su due livelli diversi, possono semplicemente creare due classi diverse per quella materia. Ciò significa che possono raggiungere coloro che lottano con il loro tipo di lavoro senza farli sentire male o stupidi.

Questo può aiutare gli insegnanti a offrire compiti su una base più individuale e può anche davvero raggiungere alcuni studenti. Possono persino suddividere le persone in gruppi in cui gli insegnanti pensano di poter lavorare al meglio insieme. Google Classroom è un modo perfetto e versatile per assicurarsi che ogni studente riceva ciò di cui ha bisogno e, se gli insegnanti lo ritengono opportuno, possono eliminare e ricreare rapidamente i corsi.

13. Risparmia tempo e costi

Gli studenti perdono tutti i costi "nascosti" dello studio in un istituto prendendo corsi online con Google Classroom. Ciò include i costi di viaggio (che in alcuni casi sono molto alti), i costi di stampa degli incarichi e così via, i costi di cancelleria e notebook.

Sebbene sia difficile determinare quanto sarebbero alti questi costi prima che gli studenti si iscrivano a un corso, è necessario riflettere su alcune considerazioni importanti. Più specificamente, quanto lontano uno studente si sposterebbe ogni giorno verso un istituto scolastico (e quante tariffe per il parcheggio se si sposta in auto). Se questo risulta essere un numero significativo, potrebbero risparmiare denaro prendendo corsi online.

La maggior parte degli studenti ritiene che seguire i corsi di Google consenta loro di risparmiare molto tempo poiché lavorano da casa, senza dedicare tempo a spostamenti regolari. Possono anche accettare un lavoro part-time se hanno del tempo libero, in modo da guadagnare mentre studiano. Questo è perfetto per coloro che cercano di mantenere una sorta di reddito stabile mentre allo stesso tempo acquisiscono qualifiche aggiuntive tramite Google Classroom.

5.2 Limitazioni di Google Classroom

1. Gestione account complessa

Google Classroom non abilita l'accesso multidominio. Inoltre, non puoi accedere per accedere al tuo Gmail personale; devi accedere a Google Apps for Education. Di conseguenza, se hai già il tuo ID Google, la gestione degli account Google può essere impegnativa. Ad esempio, se il tuo Gmail contiene un documento Google o un'immagine e desideri condividerlo in Google Classroom, devi salvarlo separatamente sul disco rigido del tuo dispositivo, disconnetterti e quindi accedere con il tuo account Google Classroom ancora. Piuttosto guai.

2. Troppo "googlish".

Gli utenti di Google possono confondersi per la prima volta, poiché ci sono diversi pulsanti con icone che sono familiari solo agli utenti di Google.

Inoltre, nonostante la migliore collaborazione tra Google e YouTube, che aiuta notevolmente con la condivisione di video, il supporto per altri strumenti standard non è integrato. Puoi trovare fastidioso che devi convertire un documento Word principale in un documento Google con cui lavorare, ad esempio. Tutto sommato, nell'ambiente di Google Classroom, ti sentirai rilassato solo se le risorse che stai utilizzando si adattano ai servizi Google.

3. Problemi di editing

Quando crei un compito e lo invii agli studenti, gli studenti diventano i "proprietari" del documento e possono modificarlo. Ciò significa che possono cancellare qualsiasi parte dell'incarico che scelgono, il che potrebbe creare problemi, anche se involontariamente, accade. Inoltre, dopo aver modificato un post, gli studenti non ricevono una notifica.

Inoltre, non è disponibile alcuna opzione di registrazione video diretta. Sarebbe utile poter registrare rapidamente e direttamente messaggi vocali e video in Classroom di Google. Gli utenti possono registrare i video al di fuori di Classroom e quindi caricarli come allegato.

4. Condivisione del lavoro con gli studenti

Gli studenti non sono in grado di condividere il loro lavoro con i loro coetanei a meno che non diventino "proprietari" di un documento e, anche in questo caso, dovranno accettare le opzioni di condivisione, che creeranno una frattura se vogliono condividere un documento con i loro 50+ compagni di classe dicono.

5. Integrazione limitata

Google ha opzioni di integrazione limitate e deve ancora espandere queste opzioni.

6. Gli aggiornamenti non sono automatizzati

Il feed degli eventi non si aggiorna automaticamente, quindi gli studenti devono controllare e aggiornare regolarmente per evitare di perdere annunci importanti.

Ci sono sia vantaggi che limitazioni di Google Classroom. Tuttavia, i vantaggi superano certamente gli svantaggi. Nonostante le misure di salvaguardia in atto per prevenire la diffusione del nuovo coronavirus e l'anno scolastico potenzialmente cancellato per migliaia di studenti, Google Classroom è un punto di integrazione, considerando lo stato attuale delle cose. Il suo utilizzo è sicuro. Ci vuole circa mezz'ora per imparare a usarlo. Gli educatori possono pubblicare in modo ad hoc tutti i materiali, i compiti e i quiz essenziali. Il software può aiutare i tutor privati, così come i genitori della scuola domestica.

Capitolo 6: Come ottenere il massimo dall'apprendimento in classe di Google?

Google Classroom semplifica la gestione del lavoro degli studenti: annunci, compiti, selezione, valutazione, revisione e restituzione. Ha risparmiato molte ore di lavoro per gli insegnanti. Il lavoro digitale di valutazione può essere noioso senza un flusso di lavoro affidabile e una strategia particolare. Google Classroom rende più utile collaborare con gli studenti, ma solo se sei a conoscenza di come funziona Classroom e di come utilizzarlo a tuo vantaggio. Con alcuni suggerimenti e strategie, Google Classroom può avere ancora più successo nel renderlo produttivo ed efficace.

Hack # 1: lavoro meglio organizzato

Usa la struttura organizzativa che è fattibile per te. Se la pagina dei compiti in classe fosse uno schedario pieno di cartelle, cosa inseriresti in quelle schede? Ci sono molti sistemi che puoi usare. E per fortuna, sarai in grado di cambiare idea. I temi sono troppo facili da modificare. I temi da rinominare, aggiungere e rimuovere sono molto semplici. Puoi passare a un sistema organizzativo completamente nuovo in pochi minuti se uno non è adatto a te.

Ecco alcuni esempi che potresti usare delle strutture:

a. Classifica per settimana

b. Classifica per unità

c. Filtra per argomento

d. Ordina per modulo di file

Ovviamente puoi cambiare tutto questo. Ma avere alcuni suggerimenti può aiutarti a capire quale ti si addice meglio, o almeno quale vorresti provare per primo.

Organizza ogni sotto argomento in modo più approfondito. Ad esempio, la struttura organizzativa può facilmente andare in profondità in due livelli: capitoli e lezioni. Decidi come lo inserirai negli argomenti e si adatta perfettamente. Quindi, attenersi ad esso. Ottieni qui un capitolo e una lezione semplicemente digitandoli nel nome. La coerenza mantiene le cose perfette! Renderà molto più facile per gli studenti cercare gli argomenti. Possono essere più veloci nel trovare ciò di cui hanno bisogno. Con più livelli dell'organizzazione, non hai bisogno di una funzione ufficiale in Google Classroom. Creane uno per te stesso!

L'utilizzo di emoji e abbreviazioni tra parentesi come tag potrebbe essere utile. Supponi di avere varie caratteristiche dei tuoi articoli sulla pagina di Google Classroom, ad esempio:

- Alcuni potrebbero avere immagini.
- Molte di queste cose potrebbero essere pubblicate
- Alcuni potrebbero derivare da diverse materie accademiche
- Alcuni potrebbero avere tipi diversi (poesia contro racconto contro romanzo)
- Altri potrebbero essere solo cose interessanti o divertenti che vuoi condividere con gli studenti.

Assegna un'emoji al nome per una di queste caratteristiche. In effetti, hai già una tastiera emoji sui dispositivi mobili! In caso contrario, guarda come puoi collegarne uno alla tastiera. Utilizza un'estensione come Tastiera Emoji sui Chromebook e sui computer che eseguono il browser web Google Chrome. Per creare emoji, usa la scorciatoia da tastiera Ctrl + Cmd + Barra spaziatrice sui Mac.

Se il tuo compito prevede una foto, è un compito scritto ed è un'attività di studi sociali, potresti usare un emoji per ciascuno. Per usarlo, pensa a quali attributi gli studenti potrebbero cercare nei tuoi compiti. L'uso di un'emoji consente loro, in un colpo d'occhio, di individuare il loro compito. Non ti piace usare le emoji? (Oppure, vorresti aggiungere un secondo livello di tagging?) In alternativa, prova i tag di testo. Ad esempio, qualsiasi attività relativa a un progetto di ricerca potrebbe essere contrassegnata con l'abbreviazione (RES).

Ora sei completamente pronto per prendere in carico un corso Google ben organizzato.

Trova una struttura per l'organizzazione.

Compila gli argomenti secondari.

Per aggiungere tag ai lavori in classe, utilizzando emoji o abbreviazioni di testo.

O usa una di queste strategie, scegline due o tutte e tre!

Quindi guarda la tua Google Classroom in linea con le tue speranze e i tuoi sogni di organizzazione!

Hack # 2: promemoria sul materiale precedente

Per riportare all'attenzione degli studenti i contenuti meno recenti pertinenti, utilizza lo spostamento in alto. Questo semplice atto colpisce la parte superiore dello stream della classe con un compito, un annuncio o una domanda. Usalo se gli studenti non hanno presentato un'attività o se vuoi ricordare loro una scadenza a venire.

Hack # 3: utilizzo della scheda "Studente" per inviare email a tutti contemporaneamente

Nella scheda "Studenti", invia un'email a ogni studente di una classe. Quando fai clic sulla scheda "Studenti", fai clic sulla casella di controllo per evidenziare ogni studente. Fai clic su "Azioni" e "Email". È bello richiamare un'attenzione particolare su ciò che si desidera comunicare agli studenti o comunicare in una forma più lunga.

Hack # 4: utilizzo del tipo di commento pertinente

Esistono vari tipi di commenti che puoi lasciare in Classroom per gli studenti. Capire come funziona ognuno aumenterà la produttività e l'efficacia.

- Fare commenti in classe: Inserisci una dichiarazione "al di fuori" di un compito o di una notifica nello stream del corso. Questo renderà la dichiarazione disponibile all'intera classe (vitale se è una risposta a un problema che tutti possono avere).
- Fare commenti privati: Fallo visualizzando i risultati degli studenti e facendo clic su uno studente individualmente. La barra dei commenti in basso a destra, dove puoi vedere i contributi degli studenti, aggiunge un messaggio che solo lo studente può vedere (importante se ha informazioni sensibili sul voto o feedback).
- Commenti da aggiungere in un documento / diapositiva / foglio / disegno: A tale scopo, fai clic sul file studente che ha inviato. Dopo aver evidenziato ciò che desideri commentare, premi il pulsante a fumetto nero. Mette un'enfasi molto precisa su cose particolari nel lavoro degli studenti (importante perché l'input sia molto preciso).

Hack # 5: condivisione di link "adesso" usando annunci

Gli annunci inseriscono i contenuti nello stream della classe senza che gli studenti debbano consegnare un compito. Usali per fornire link, documenti / file e video importanti per gli studenti, di cui avranno bisogno immediatamente. (Se si tratta di una risorsa che utilizzerebbero di frequente, aggiungi la risorsa alla scheda "Informazioni".)

Hack # 6: utilizzo della tastiera, anziché del mouse

Utilizzando i comandi della tastiera, elimina ogni volta i clic del mouse. Il migliore di Google Classroom: quando accedi ai corsi, digita il voto per il compito di uno studente specifico, quindi premi il tasto Giù per premere lo studente successivo. Loop con sequenze di tasti al posto dei clic del mouse per consentire agli studenti di risparmiare molto tempo.

Hack # 7: riutilizzo dei post

Non ricreare compiti, annunci o domande simili a quelli che hai già creato. Premi l'opzione "+" nell'angolo in basso a destra e seleziona "riutilizza messaggio". Scegli l'attività, l'annuncio o la richiesta generata in precedenza. È necessario aggiornarlo e modificarlo prima di ripubblicarlo. Puoi anche scegliere di fare nuove copie di tutti gli allegati che hai usato prima quando rivisiti un messaggio.

Hack # 8: tutti i voti in un'unica posizione

In alto a sinistra di Classroom, fai clic sul pulsante delle tre linee e seleziona "Lavoro" in alto. Qui puoi trovare tutte le attività in un unico posto per tutte le tue classi. Scorri l'elenco e ottieni un punto in cima a tutto.

Hack # 9: ricevi le email di Classroom nel modo in cui le desideri

Trascorri troppo tempo a rimuovere i messaggi di posta di Classroom e speri di poterli disattivare? In alto a sinistra di Classroom, premi il pulsante con le tre linee e seleziona "Impostazioni" in basso. La casella di controllo ti consente di disattivare le notifiche e-mail. (O se lo spegni e desideri ricevere e-mail, è lì che lo accendi!)

Hack # 10: ottieni le idee e le opinioni degli altri

Gli educatori che utilizzano Google Classroom frequentano anche altri forum online dove puoi leggere i loro post e porre domande. Ecco alcuni suggerimenti:

- Gruppo Google Classroom su Google Plus
- Gruppo Applicazioni mobili per l'istruzione su Google Plus (con una categoria Google Classroom)
- Hashtag di Twitter: # Google Classroom (per i post specifici di Google Classroom)
- Hashtag di Twitter: # Google EDU (per aggiornamenti generali di Google Classroom)
- Strumenti generali di Pinterest su Google Classroom
- Una bacheca Pinterest di Shake Up Learning

Hack n. 11: ottieni le funzionalità di cui Classroom ha bisogno tramite i feedback

Hai un suggerimento per una nuova funzione in Google Classroom? Puoi fare qualcosa, ma vorresti poter fare qualcosa di più gestibile? Questo tipo di input è ciò che Google Classroom vuole dagli insegnanti. Clicca sul "?" nella parte inferiore sinistra dello schermo e seleziona "Invia feedback". Secondo un membro del team di Google Classroom, qualcuno nel loro gruppo legge ogni singolo elemento di feedback inviato loro. È così che hanno apportato tutti i miglioramenti significativi all'app Google Classroom. E più è frequente una richiesta di una funzionalità, più è probabile che venga applicata. Quindi dai recensioni e dai sempre loro!

Hack # 12: inviando una domanda, lascia che gli studenti si supportino a vicenda

Gli insegnanti non devono rispondere a tutte le domande! Dovrebbero fornire agli studenti il potere di aiutarsi a vicenda. Per creare una domanda per un'attività o una missione specifica, utilizza l'icona "+". Questo può fungere da piattaforma di discussione, dove gli studenti possono sostenersi a vicenda. (Ovviamente dovresti anche esaminare l'argomento per assicurarti che sia corretto e tempestivo.)

Hack # 13: aggiungi obiettivi di apprendimento
Questo non è tanto un caso di convenienza quanto una grande
pedagogia. Ti ricorderà sempre il piano dell'unità o il
curriculum regolare, mantenendoti con i piedi per terra.
L'inclusione degli obiettivi di apprendimento in ogni compito
o attività continuerebbe a ricordare agli studenti qual è lo
scopo di ciascuna attività di apprendimento.

Conclusione

La maggior parte degli analisti ritiene che l'apprendimento online stia prendendo il sopravvento come futuro dell'istruzione. L'istruzione online mostra una tendenza al rialzo, soprattutto nell'anno corrente, il 2021. Un programma di apprendimento a distanza può essere un apprendimento a distanza completo o una combinazione di apprendimento a distanza e istruzione in classe convenzionale (chiamata ibrida o mista). Google Classroom è integrato in modo produttivo con altre risorse Google come Calendar, Documenti Google, Foto, Drive e altro ancora. Gli educatori sarebbero in grado di creare classi, impostare compiti, inviare feedback alle persone e vedere tutte le funzionalità in un unico posto. I compiti video incoraggiano la collaborazione e rendono le interazioni più confortevoli. Google Classroom consente agli studenti di lavorare insieme in diversi modi. Gli insegnanti possono facilitare le conversazioni online tra studenti e insegnanti e assegnare progetti di gruppo all'interno della classe. Gli studenti possono collaborare, completando i compiti come loro assegnati. Gli studenti possono anche collaborare su Google Documenti e condividere rapidamente il proprio lavoro con gli insegnanti. Attraverso questa piattaforma, centralizzando i materiali di e-learning in un'unica posizione basata su cloud, gli utenti possono rinunciare alla carta e smettere di preoccuparsi di stampare, archiviare o persino perdere i compiti degli studenti. A meno che tu non possieda già una password Google personale, può essere difficile gestire gli account Google.

Google Classroom non consente l'accesso a più domini. Il feed degli eventi non cambia automaticamente, quindi gli studenti devono rivedere e aggiornare per evitare di perdere periodicamente annunci essenziali. Pertanto, Google Classroom presenta vantaggi e svantaggi.

Tuttavia, i vantaggi superano di gran lunga i contro. Gli insegnanti possono compilare argomenti secondari e applicare tag ai lavori in classe, utilizzando emoji o abbreviazioni di testo, per trovare una struttura adatta per un corso Google ben organizzato. Recensioni e feedback sono fondamentali per introdurre nuove funzionalità in Classroom sulla piattaforma Google. Gli insegnanti possono utilizzare gli annunci per fornire agli studenti collegamenti, documenti / file e video essenziali di cui avranno bisogno immediatamente. Gli insegnanti non devono rispondere a tutte le domande! Dovrebbero dare agli studenti il potere di sostegno reciproco. Utilizza l'icona "+" per creare una query per una determinata attività o progetto. Servirà come forum di discussione in cui gli studenti si incoraggeranno a vicenda. Avere gli obiettivi di apprendimento associati a ciascuna attività o attività in Google " s Classroom continuerà a ricordare agli studenti quale sarà l'obiettivo di ciascuna attività di apprendimento. Con alcuni suggerimenti e strategie, Google Classroom potrebbe essere reso produttivo, efficiente e ancora più utile.

Riferimenti

Educazione a distanza. (2020). Estratto 2020, dahttps://en.wikipedia.org/wiki/Distance_education

Kang, T. (2020). L'apprendimento online nell'era del Coronavirus della Corea del Sud colpisce intoppi. Estratto 2020, dahttps://thediplomat.com/2020/04/south-koreas-coronavirus-era-online-learning-hits-snag/

Tipi di corsi online | CAS Online Education. (2020). Estratto 2020, dahttps://oe.uoregon.edu/types-of-online-courses-2/

Panoramica dell'API Classroom - Guida di Classroom. (2020). Estratto 2020, dahttps://support.google.com/edu/classroom/answer/6253304?hl=it&ref_topic=7175285

Recensioni di Google Classroom: prezzi e funzionalità software 2020 - Financesonline.com. (2020). Estratto 2020, dahttps://reviews.financesonline.com/p/google-classroom/

La guida per principianti a Google Classroom. (2020). Estratto 2020, dahttps://www.bookwidgets.com/blog/2017/05/the-beginners-guide-to-google-classroom

Una cronologia della marcia di Google Classroom per sostituire i sistemi di gestione dell'apprendimento - EdSurge News. (2020). Estratto 2020, dahttps://www.edsurge.com/news/2016-09-27-a-timeline-of-google-classroom-s-march-to-replace-learning-management-systems

8 miti sull'apprendimento online: la verità dietro lo schermo. (2020). Estratto 2020, dahttps://www.rasmussen.edu/student-experience/college-life/myths-about-online-learning/

Era, 1. (2020). 15 minuti di fama: apprendimento online nell'era del coronavirus. Estratto 2020, dahttps://www.al-fanarmedia.org/2020/04/15-minutes-of-fame-online-learning-in-the-coronavirus-era/